Sitiado em Lagos

SITIADO EM LAGOS

Autodefesa de um Negro Acossado Pelo Racismo

2ª edição, revista e aumentada

ABDIAS NASCIMENTO

Apresentação: ELISA LARKIN NASCIMENTO
Prefácio à Nova Edição: MOLEFI KETE ASANTE
Prefácio: DOM JOSÉ MARIA PIRES
Posfácio: CARLOS MOORE

PALAVRAS NEGRAS

Coordenação de texto Luiz Henrique Soares e Elen Durando
Edição de texto Maria Fernanda Alvares
Revisão Luiz Henrique Soares
Projeto gráfico, diagramação e capa Sergio Kon
Produção Ricardo W. Neves e Sergio Kon

CIP-Brasil. Catalogação na Publicação
Sindicato Nacional dos Editores de Livros, RJ

N193s
2. ed.
    Nascimento, Abdias
    Sitiado em lagos : autodefesa de um negro acossado pelo racismo / Abdias Nascimento ; prefácio à nova edição Molefi Kete Asante ; prefácio dom José Maria Pires ; posfácio Carlos Moore ; [apresentação Elisa Larkin Nascimento]. - 2. ed., rev. e aument. - São Paulo : Perspectiva ; Rio de Janeiro : IPEAFRO, 2024.
    144 p. : il. ; 19 cm. (Palavras negras ; 10)

    Apêndice
    Inclui bibliografia
    ISBN 978-65-5505-187-2

    1. Racismo. 2. Identidade racial. 3. Relações raciais. I. Asante, Molefi Kete. II. Pires, José Maria. III. Moore, Carlos. IV. Nascimento, Elisa Larkin v. Título. VI. Série.

24-91505   CDD: 305.8
                CDU: 316.347

Gabriela Faray Ferreira Lopes - Bibliotecária - CRB-7/6643
18/04/2024   24/04/2024

2ª edição, revista e aumentada

Direitos reservados à
EDITORA PERSPECTIVA LTDA.
Al. Santos, 1909, cj. 22
01419-100 São Paulo SP Brasil
Tel.: (+55 11) 3885-8388
www.editoraperspectiva.com.br
2024

INSTITUTO DE PESQUISAS E ESTUDOS
AFRO-BRASILEIROS (IPEAFRO)
Rua Benjamin Constant, 55/1101 Glória
20241-150 Rio de Janeiro RJ Brasil

www.ipeafro.org.br

SE NÓS HAVEMOS DE MORRER[1]
IF WE MUST DIE

Se nós havemos de morrer, que não seja igual aos porcos
If we must die, let it not be like hogs
Caçados e encurralados num lugar inglório
Hunted and penned in an inglorious spot,
Enquanto ao nosso redor ladram os cães raivosos e famintos
While round us bark the mad and hungry dogs,
Fazendo seu arremedo à nossa maldita sorte.
Making their mock at our accursed lot.

Se nós havemos de morrer, ó que morramos nobremente
If we must die, oh let us nobly die,
Para que nosso sangue precioso não seja derramado
So that our precious blood may not be shed
Em vão; assim até mesmo os monstros que desafiamos
In vain; then even the monsters we defy
Serão constrangidos a nos honrar embora mortos!
Shall be constrained to honor us though dead!

Ó patrícios! devemos encarar o inimigo comum!
Oh kinsmen! we must meet the common foe!
Apesar de sermos menos vamos nos mostrar bravos
Though far outnumbered let us show us brave,
E para mil golpes seus desferir um golpe mortal!
And for their thousand blows deal one death-blow!
Que importa que se abra a tumba diante de nós
What though before us lies the open grave?
Como homens enfrentaremos a matilha assassina, covarde
Like men we'll face the murderous, cowardly pack,
Encostados à parede, morrendo, porém revidando os golpes!
Pressed to the wall, dying, but fighting back!

CLAUDE MCKAY
poeta negro jamaicano
[tradução de Elisa Larkin Nascimento.]

Sumário

Apresentação
[*Elisa Larkin Nascimento*]
11

Abdias em Lagos: Prefácio à Nova Edição
[*Molefi Kete Asante*]
17

Prefácio
[*dom José Maria Pires*]
23

1   Os Antecedentes
31
Quem Matou Pio Zirimu? [38]

2   Os Telegramas: Estratégia e Prática do Sítio
43
Algumas Observações Acerca dos Telegramas [52]

3   A "Nota Oficial" da Embaixada Brasileira em Lagos
59
Comentários à "Nota Oficial" [61]

4   Outras Considerações
83

5   Para Terminar
93

Apêndice

Carta Aberta ao i Festival Mundial das Artes Negras
(Dacar, 1966)
105

Carta Aberta à ii Conferência de Intelectuais
Africanos e da Diáspora (Salvador, 2006)
117

Posfácio:
Abdias Nascimento e o Surgimento de um
Pan-Africanismo Contemporâneo Global
[*Carlos Moore*]
123

Notas
141

Referências
143

Nota de Edição

Ao longo de quase sete décadas, o nome de Abdias era grafado em obras publicadas de duas formas, com e sem "do". Nos anos 1990, ele resolveu padronizar o uso como Abdias Nascimento, sem o "do", na forma de sua assinatura manuscrita. Dada essa decisão do autor, nas reedições de suas obras a partir de 2012 (quando reeditamos O Genocidio do Negro Brasileiro*) optamos por adotar universalmente a maneira escolhida por ele.*

Apresentação

Elisa Larkin Nascimento

Neste momento em que Abdias Nascimento faria 110 anos, continuam nitidamente atuais os temas a que ele dedicou seu tempo e energia ao longo de quase um século de vida. Nas artes, na política, na educação, na literatura, na luta por justiça e na proposta de organização da sociedade para construir um mundo melhor (o quilombismo) – em todas as suas atividades, Abdias buscou contribuir para a recuperação da humanidade e dignidade dos povos negros e africanos no Brasil e no mundo.

Ao cuidar de seu legado, o Ipeafro visa o mesmo fim, difundindo o conteúdo do acervo que ele deixou. Entre textos, imagens, obras artísticas, documentos históricos, registros audiovisuais e outros itens, a memória de Abdias revela parte significativa da trajetória da luta coletiva a que ele consagrou sua vida.

ELISA LARKIN NASCIMENTO é doutora em psicologia pela USP e mestre em direito e em ciências sociais pela Universidade do Estado de Nova York. Foi companheira de Abdias Nascimento durante seus últimos 38 anos de vida. Cofundadora e atual diretora do Instituto de Pesquisas e Estudos Afro-Brasileiros (Ipeafro), Elisa coordena o tratamento técnico e a difusão do acervo de Abdias Nascimento e das organizações que ele criou. Curadora de exposições e fóruns de educação com base nesse acervo, ela é autora de várias publicações. Organizou os quatro volumes da coleção Sankofa e o livro *Adinkra: Sabedoria em Símbolos Africanos*, entre outros.

Este livro registra parte da dimensão internacional dessa luta. Desde sua Carta Aberta ao I Fesman (Festival Mundial de Artes Negras, Dakar, Senegal, 1966) até sua Carta Aberta à II Ciad (Conferência de Intelectuais Africanos e da Diáspora, Salvador, 2006) – documentos que compõem o Apêndice –, passaram-se cinquenta anos em que Abdias Nascimento manteve viva e intensa sua atuação nesse sentido.

O cenário do livro é o 2º Fesman, realizado em Lagos, Nigéria, em 1977 e conhecido pela sigla em inglês, Festac 77.

Os documentos reunidos aqui abordam, então, três períodos que correspondem a fases distintas da política internacional do Brasil.

Em 1966 e em 1977, o país vivia diferentes momentos do regime civil-militar imposto em 1964. Desde o início, Abdias Nascimento foi perseguido pela sua militância antirracista. Alvo de vários inquéritos policial-militares, ele persistia na tentativa de abrir brechas para as artes e a cultura negra. Seu Teatro Experimental do Negro (TEN) estava sozinho ao trabalhar no Brasil com o conceito da *négritude*, em solidariedade com expoentes desse movimento como Aimé Césaire, Alioune Diop e o presidente da então recém-independente nação senegalesa, Léopold Sédar Senghor. O 1º Fesman seria uma celebração mundial da *négritude*, movimento anticolonialista que muito contribuiu para a conquista da independência de colônias africanas. Ironicamente, o Itamaraty proclamou um critério de "integração nacional" que excluiu de sua delegação oficial a única entidade brasileira ligada à *négritude* – o TEN.

Em 1977, o Brasil lidava com as consequências do modelo econômico imposto pelo regime, que operava um "milagre econômico" baseado na industrialização subserviente ao capital internacional e no achatamento salarial e empobrecimento da população. Diante da falta de poder de consumo do mercado interno, o país buscava mercados internacionais para escoar a produção industrial excedente. A África era vista como um grande terreno para essa expansão, e o Itamaraty usava e abusava da imagem do Brasil como um bastião da harmonia racial para vender seus produtos. A Nigéria estava no auge de seu *boom* de petróleo e, portanto, era alvo predileto dessa política. Novamente, o Itamaraty fez de tudo para excluir Abdias Nascimento do certame, mas desta vez ele estava no lugar certo e contava com aliados adequados para desafiar o veto à sua participação.

Sitiado em Lagos conta essa história, agora com novo prefácio de um desses aliados, o professor Molefi K. Asante, intelectual e ativista de primeira ordem e autor do conceito da afrocentricidade[1]. Testemunha ocular dos eventos narrados, ele integrava a delegação estadunidense ao Festac 77.

Vale trazer aqui uma novidade na documentação desse episódio: a aula inaugural da Sociologia na Universidade de São Paulo (USP) em 2024 abordou a perseguição do regime de 1964 ao movimento negro e seus intelectuais[2]. A pesquisa no Deops de São Paulo confirmou os fatos que Abdias Nascimento narra em *Sitiado em Lagos* a respeito da atuação do professor Fernando Mourão como delegado oficial a serviço da repressão. Em nota pública[3], a professora Marina de Mello, atual diretora do Centro de Estudos Africanos da USP, afirma:

> Foi com extrema consternação que a Direção e o Conselho Deliberativo do Centro de Estudos Africanos – FFLCH/USP tomaram conhecimento dos fatos envolvendo o professor Fernando Augusto Mourão, fundador do CEA, à época da ditadura empresarial-militar, quando, entre outras atitudes, elaborou um documento intitulado "O Negro no Brasil". Enviado à Assessoria de Segurança e Informação da USP, nele denuncia pessoas ligadas às lutas pelos direitos das pessoas negras e críticas à noção de democracia racial, argumentando longamente contra as posições de, entre outros, Abdias do Nascimento, que iriam, conforme a posição oficial da época, contra os interesses e a imagem internacional do Brasil. [...] Esse dossiê foi encaminhado ao Deops, onde foi localizado.

Diante dos fatos apresentados, vimos a público esclarecer que a atuação contemporânea do CEA expressa seu reconhecimento da segregação histórica dos africanos e afrodescendentes na sociedade brasileira, na qual ainda hoje vigora o que ficou conhecido como racismo estrutural, que se apresenta cotidianamente de múltiplas e perversas formas.

O terceiro momento da saga documentada neste volume é bem distinto. Em 2006, o Brasil vinha demonstrando seu compromisso com uma política externa voltada à África em novas bases de respeito e interesse mútuo. A União Africana havia criado sua sexta região oficial, a Diáspora, e o Brasil reconheceu nesse fato uma inflexão de grande porte. Por isso se comprometeu a realizar em Salvador a segunda Conferência de Intelectuais Africanos e da Diáspora sobre o tema do Renascimento Africano.

Durante a sessão solene de abertura da cúpula dos chefes e ministros de Estado na II Ciad, o presidente Luiz Inácio Lula da Silva condecorou Abdias Nascimento com a Ordem do Rio Branco no grau de Comendador. Entretanto, fiel à sua trajetória como ativista e pensador independente, Abdias Nascimento externou em sua Carta Aberta uma crítica nada subserviente aos interesses e representantes oficiais presentes àquela cerimônia. Na qualidade de "um cidadão da África e do Brasil", ele falou pelos "sem-voz e sem-nome que não se encontram aqui conosco, mas se fazem presentes pela urgência das necessidades que os afligem". Alertou para o fato de que a ideia do pan-africanismo "foi desvirtuada quando Estados e governos quiseram manipulá-la para servir a interesses estranhos a seus propósitos libertários originais" (infra, p. 118). E afirmou:

> Não se pode conceber um Renascimento Africano com nossos governos garroteados às estruturas, às exigências e às condições econômicas e políticas impostas pelo processo de globalização que os mantém à margem do desenvolvimento econômico e que constitui, na sua essência, uma espécie de continuidade *de facto* do jugo colonial. (p. 118)

Ele afirma o princípio da reparação aos povos-alvos da escravidão mercantil, "um sistema escravista inédito no mundo e que operou o saque e o despovoamento da África, deserdou seus descendentes escravizados e interrompeu o processo de desenvolvimento que seus povos protagonizavam" (p. 119). Definido como crime contra a humanidade, é passível de reparação de acordo com o direito internacional.

Abdias Nascimento faz duas propostas específicas em sua Carta Aberta: a criação da Universidade Pan-Africana Cheikh Anta Diop e do Museu da Diáspora Africana no Brasil. Uma década depois, o Cais do Valongo no Rio de Janeiro tornou-se Patrimônio Mundial da Humanidade por sua história como sítio de memória sensível. Ainda aguardamos, entretanto, o Museu da Diáspora Africana.

Abdias em Lagos
Prefácio à Nova Edição

Molefi Kete Asante

Abdias Nascimento estava determinado a fazer com que a enorme população afrodescendente do Brasil tivesse voz no Colóquio do 2º Festival Mundial de Arte e Cultura Negra e Africana (Festac), agendado para Lagos, Nigéria, em 1977. Nascimento lecionava na Universidade de Ifé (hoje Universidade Obafemi Awolowo) ao tempo que a embaixada brasileira em Lagos recebia e enviava telegramas confidenciais para e do Ministério de Relações Exteriores do Brasil, em janeiro e fevereiro de 1977, na tentativa de impedir que ele fosse ouvido naquele festival internacional. Como observa o autor, isso acontecia enquanto o colóquio se desenrolava. Felizmente para aqueles de nós que vínhamos de todos os cantos do mundo, e em função da nossa pressão, ele conseguiu falar. O que Abdias Nascimento expunha era a "lama branquicefálica" que

---

MOLEFI KETE ASANTE (1942-) é filósofo e professor titular do Departamento de Africologia da Universidade Temple, onde fundou o programa de doutorado em Estudos Afro-Americanos. Fundou o museu de Artes e Antiguidade Africana de Búfalo. Autor do conceito de afrocentricidade e de inúmeras obras, com destaque para *Afrocentricity* (1980), *Kemet, Afrocentricity and Knowledge* (1990), *African Intellectual Heritage* (1996) e *A História da África* (Vozes, 2023).

[tradução de Elisa Larkin Nascimento.]

escorre dos telegramas e que compromete e suja, "indelevelmente, a imagem do país no estrangeiro. Esconder a podridão racista, enfiando a cabeça na areia à moda do avestruz, só agrava, e nunca erradica, o problema racial de uma nação edificada pelos negros e desde sempre governada por uma minoria que se autodefine de preponderante origem branco-europeia".

Nascimento vinha se preparando, durante os vinte anos anteriores, para representar seu povo no palco mundial. Dada a multiplicidade de talentos e habilidades desse dedicado líder africano, ele era a pessoa correta e adequada para anunciar a chegada dos afro-brasileiros no palco global. Mas a ocasião significava que haveria uma luta épica no maior tablado que o mundo negro havia assistido em muitos anos, e essa luta foi entre Abdias Nascimento e os representantes oficiais do governo brasileiro.

A Nigéria à época tinha dezessete anos como nação independente. E, desde que tomara dos ingleses as rédeas do governo, o povo africano havia declarado seu direito absoluto à afirmação cultural. Recém-saída de uma guerra fratricida entre a separatista República de Biafra e o Estado nigeriano, em que o povo de Biafra reivindicara a autoridade territorial sobre uma vasta região e, decidida a demonstrar sua liderança no mundo africano, a Nigéria abrigou o Festac. O momento coincidia com o *boom* econômico que resultava da exploração de sua riqueza petrolífera. O futuro era brilhante, e Lagos, que crescia rapidamente com o congestionamento do trânsito e com as ondas massivas de populações rurais em direção à sua área metropolitana em expansão, anunciava-se como líder cultural do mundo africano ao convidar mais de setenta mil intelectuais e artistas a participarem da maior aglomeração havida até então, no mundo, de pesquisadores e pensadores, artistas, trabalhadores culturais e espectadores de origem africana. Chegava gente de todos os continentes habitados, inclusive da Austrália.

Nações de todo o continente africano mandaram delegações; algumas nações da Europa e da América do Norte, como

Canadá, Estados Unidos e Grã-Bretanha se fizeram representar por comissões não governamentais; e o Brasil mandou uma delegação composta de funcionários e indicados políticos. Afinal, o Brasil precisava estar presente, sendo ao lado da Nigéria um dos países com mais população de origem africana, com uma história viçosa de interação secular entre o povo iorubá da Nigéria e as comunidades espirituais de tradição africana no Brasil. Ninguém poderia duvidar da importância do Brasil para o mundo africano.

O mais significativo intelectual afro-brasileiro no mundo de fala inglesa era Abdias Nascimento. Mas ele, conhecido por artistas e intelectuais em regiões de fala espanhola e anglófonos, assim como as lusófonas, estava alijado da delegação oficial que representaria o Brasil no festival mundial africano. Por si só, esse fato compunha uma situação dramática que se tornaria um marco histórico desse evento icônico. Diante do mundo, Abdias Nascimento desafiaria a delegação oficial brasileira, fazendo a plenária rodar como um pião no palco gigante do novíssimo e moderno teatro de Lagos. Quando se assentou a poeira, isto é, quando Nascimento concluiu sua defesa brilhante e eloquente do povo negro brasileiro, confirmou-se como legítimo representante dos afro-brasileiros. Ele cresceu em estatura porque reuniu as realidades históricas e culturais dos africanos no Brasil e as trouxe ao restante do mundo. Aqueles que nunca conheceram o Teatro Experimental do Negro do Rio de Janeiro, ou o nome de Zumbi dos Palmares, ou que nunca souberam que os orixás vivem nas comunidades negras urbanas e rurais, na Bahia, em São Paulo, Minas Gerais e outras partes do Brasil, ficaram estarrecidos com a poética e a oratória de Abdias Nascimento sobre um Brasil que, finalmente, estava exposto.

Sentado não muito longe do orador, lembro-me de ficar paralisado quando ele discursou cheio de emoção, sem medo, mergulhando na história, gesticulando com as mãos, ao apresentar um vívido retrato das vidas negras no Brasil e da tentativa dos governos de sempre esconder a situação terrível dos afrodescendentes no país. Ele relatou a luta por liberdade, igualdade, e mostrou como os africanos construíram o país e contribuíram para o seu desenvolvimento. Muitos artistas e intelectuais se surpreenderam com o fato de o governo brasileiro desautorizar Abdias Nascimento.

Com esse discurso, ele se firmou como herói global por colocar os africanos no Brasil à frente e no centro da busca por liberdade. Abdias Nascimento assumiu o seu lugar ao lado de Frederick Douglass no seu discurso do dia 4 de julho em Rochester, no estado de Nova York; ao lado de Martin Luther King, ao apelar para o "sonho americano" durante a Marcha Sobre Washington; e ao lado de Fannie Lou Hamer, com seu discurso breve, porém marcante, na Convenção Democrática de Atlantic City, em que declarou que estava "enjoada e cansada de estar enjoada e cansada".

As palavras de Abdias Nascimento foram dramáticas e se tornaram icônicas para o futuro do festival de cultura negra e africana. Cada uma das outras delegações teve que reconhecer que o artista e intelectual brasileiro havia colocado o Brasil na frente e no centro da discussão sobre o futuro do mundo africano. Eu fazia parte da delegação dos Estados Unidos, sob a liderança de Haki Madhubuti e Maulana Karenga, e posso afirmar a sensação esmagadora de alívio que nossos delegados e os de outros países sentiram quando Abdias Nascimento pôde discursar em prol do povo afro-brasileiro. Intelectuais como Wole Soyinka e artistas como Fela Kuti o aplaudiram. A televisão e os jornais nigerianos publicaram trechos da intervenção de Nascimento, e nós estávamos então dando um início assertivo rumo à cultura africana mundial.

Chegando como chegou, durante o período de ascensão da economia nigeriana e no final da era dos Direitos Civis nos Estados Unidos, a intervenção de Abdias Nascimento foi um corretivo necessário à falsa narrativa sobre os afro-brasileiros. Creio que, naquele momento, as atitudes do governo brasileiro o empurraram para debaixo das luzes mais fortes de sua já longa carreira. Após seu extenso trabalho como diretor, produtor, ator, artista, poeta, pensador e escritor, Abdias Nascimento fora compelido a assumir sua luta em escala maior. Ele usava o fenômeno histórico do quilombo como base de uma orientação afrocentrada na atuação política e na interpretação e análise da cultura africana no Brasil e no mundo. Um legado rico em resistência à discriminação e robusto em ações para afirmar a humanidade de todas as pessoas brasileiras consolidou Abdias Nascimento como um dos principais arautos da coragem autêntica.

Prefácio

Dom José Maria Pires
Arcebispo da Paraíba

Haveria pelo menos duas razões para eu me interessar pela "auto-defesa de um negro acossado pelo racismo": é que eu também sou negro e, por outra parte, tenho um compromisso firmado com a defesa dos direitos humanos.

Só bem recentemente comecei a tomar consciência de minha negritude e a aceitar minha identidade de afro-brasileiro. Tendo ingressado no seminário com menos de doze anos de idade, fui "educado" em ambiente de brancos para pensar e viver como branco. Naquela época e naquele contexto, chamar um negro de negro era injuriá-lo, a menos que o epíteto fosse proferido com tonalidade afetiva na voz. Não foi difícil à ideologia do "branqueamento" penetrar toda a minha vida e determinar minha formação sacerdotal: o que vinha dos negros, o que era feito por eles, era de qualidade inferior. No aspecto religioso, sempre foram vistas como torpe

DOM JOSÉ MARIA PIRES (1919-2017) foi ordenado bispo em 1957, tornando-se o primeiro bispo negro do Brasil. Assumiu a Diocese de Araçuaí, de 1957-1965, mas a partir de 1962 foi padre conciliar durante o Concílio Vaticano II. Com o fim do CV II, em 1965, foi nomeado o quarto arcebispo da Paraíba, cargo que ocupou até 1995. Foi dele a homília da Missa dos Quilombos, dedicada a denunciar a escravidão e suas consequências no Brasil, que reuniu oito mil pessoas, no dia 20 de novembro de 1981, na praça do Carmo, em Recife.

FIG. 1: Dom José Maria Pires (dom Zumbi) oficiando a Missa dos Quilombos na Serra da Barriga. Abdias Nascimento aparece atrás, à esquerda (Recife, 1981). Foto: Elisa Larkin Nascimento. Acervo Ipeafro.

superstição as manifestações das religiões [de matrizes] africanas. Com exceção da Festa do Rosário, com sua marujada, seus trajes típicos e suas danças africanas, nada de positivo me ficou no coração como herança de meus antepassados da Mãe África. Tornei-me branco como muito bem intuiu aquela veneranda matrona a quem fui apresentado como "bispo negro". "Ele pode já ter sido negro", disse ela, "hoje não é mais."

Na medida em que vou me dessolidarizando de minha formação para branco e vou me libertando dos preconceitos que me foram transmitidos, vou sentindo mais a humilhação a que são continuamente submetidos meus irmãos de sangue e fico do lado deles. Sei que será difícil superar os preconceitos tanto nos brancos que deles se beneficiam como nos próprios negros que foram longamente predispostos para não se valorizarem. De tanto desprezarem o negro, de tanto lhe dizerem para reconhecer o seu lugar, acabaram convencendo-o de que ele é mesmo um ser inferior que não deveria aspirar a um tratamento igual ao que têm os descendentes de outras raças. E de tanto se afirmar que no Brasil não há racismo, que todos recebem tratamento igual, que as pessoas se distinguem pela sua capacidade, acabou-se criando a convicção de que não se deve atacar esse problema porque ele não existe. Falar em racismo no Brasil é ser subversivo, é tentar jogar um grupo humano contra outro. Pelo menos é a imagem que faz de mim o senador Dinarte Mariz, quando afirma: "O arcebispo de João Pessoa provoca distúrbios entre classes e, numa conferência feita para os estudantes da Universidade do meu estado, o Rio Grande do Norte, apresentou fitas gravadas com declarações de ativistas sindicais no mais puro estilo comunista" (saudação proferida pelo senador Dinarte Mariz na sessão plenária do Senado Federal, de 27.6.1980, em homenagem a Sua Santidade o papa João Paulo II).

A leitura do depoimento de Abdias Nascimento, boicotado em Lagos pelo maldisfarçado racismo do governo brasileiro e pelo jogo sujo da diplomacia, é uma oportunidade para refletirmos sobre o que sofre o negro entre nós. Se um homem da estatura do autor de *O Quilombismo* é barrado, se uma voz tão autorizada é silenciada porque pretendia denunciar um crime oculto que o réu teima em negar, pode-se imaginar o que acontece por aí, consciente ou inconscientemente, com os milhões e milhões de negros que não têm nem a bagagem intelectual nem o renome internacional de Abdias Nascimento.

Mesmo que eu não fosse negro, teria outra razão para estar solidário com Abdias no episódio de Lagos: é a defesa do direito à liberdade de expressão. Isso é dever de todo homem que se preza. E de todo cristão que recebeu do Senhor a missão de "promover o direito com firmeza, sem ceder nem deixar-se abater" (*Isaías* 42,3). Entendo que o governo do Brasil não tivesse incluído Abdias Nascimento em sua representação oficial. Nem a ele nem a nenhum outro negro consciente, homem ou mulher, que não aceita as teses oficiais da "integração do índio" e do "branqueamento da raça". Negro consciente, em Lagos ou em qualquer outra reunião internacional, iria descobrir o crime que se procura esconder, iria apontar o genocídio lento das nações indígenas e da raça negra que aqui se pratica com cobertura e estímulo oficiais. O governo escolhe para representar o país em reuniões dessa natureza não os que sintonizam com as camadas populares ou a elas pertencem, mas os que se colocam na linha da classe dominante. Povo não tem vez. Nem voz. Povo não está no governo. Não é representado nele.

Mas, se o governo se julga com o "direito" de escolher para representá-lo os que não sentem com o povo e não sofrem como o povo, ele não tem o direito de acionar seus instrumentos de pressão para impedir que entidades mais abertas e mais lúcidas convidem quem elas julgarem dever convidar. Seria também compreensível que representantes do governo defendessem os pontos de vista governamentais. Mas eles não deveriam temer e muito menos hostilizar a presença de outros brasileiros pelo fato de divergirem da versão oficial. E admitamos ainda como justo que eles temessem e hostilizassem esses colegas incômodos. O mais grave, porém, é que gastaram o dinheiro do país, usaram os canais de nossa diplomacia, fizeram pressão de natureza econômica para esvaziar o sentido da presença e descaracterizar o valor da contribuição de quem diverge deles. A leitura dos despachos telegráficos de nossa embaixada citados na obra de Abdias Nascimento envergonha a consciência de um país que apregoa ter conseguido realizar uma "democracia racial". Esses mesmos despachos, porém, têm o grande mérito de colocar a descoberto a verdadeira posição do governo brasileiro em relação aos negros.

A denúncia do autor de *Sitiado em Lagos* tem o calor e a agressividade da voz de muitos profetas. Esse depoimento merece a atenção de quantos se interessam pelas minorias étnicas, minorias numéricas e minorias políticas, como é o caso do negro no Brasil: embora numerosos quantitativamente, não significamos praticamente nada em termos políticos. O protesto de Abdias Nascimento vem dar volume e eco ao clamor abafado no peito de tantos negros, vítimas de um racismo difuso, arraigado e onipresente, facilmente identificável por parte de negros que vêm de outros países e aqui permanecem por algum tempo como visitantes ou como estudantes. Eles percebem melhor do que nós mesmos, negros afro-brasileiros, o menosprezo de que são vítimas os descendentes da raça negra.

Acredito na possibilidade de mudança desse quadro. Na proporção em que se for tomando consciência de que existe realmente racismo entre nós, é de esperar uma reação benéfica em defesa do negro como se está fazendo em relação ao índio. Para mim, é este o maior mérito do grito indignado de Abdias Nascimento: ele assusta e faz abrir os olhos. Oxalá contribua para despertar a nação a fim de que ela "promova o direito do negro com firmeza, sem ceder nem deixar-se abater".

João Pessoa, 12 de janeiro de 1981.

SITIADO EM LAGOS

1

Os Antecedentes

Uma certa tarde de outubro de 1976, em Lagos, Nigéria. Fazia calor. Bastante suados e cansados, eu e minha mulher, Elisa, aproveitávamos a aragem que soprava fresca, vinda das árvores circundantes, na espécie de pátio retangular situado ao centro de um conjunto de vários edifícios especialmente construídos para abrigar os diferentes departamentos encarregados da organização do II Festival Mundial das Artes e Culturas Negras e Africanas: o Festac 77, conforme passou a ser conhecido. Presas ao alto dos mastros, as bandeiras do Festac e dos vários países participantes flutuavam ao vento, e da variedade de cores combinada ao movimentado balanço dos estandartes, resultava um ar de festa e alegria que se espalhava por toda aquela área da ilha de Ikoyi.

Enquanto descansando esperávamos, refletia em nossa situação ali naquele local. Desde setembro último, procedentes dos Estados Unidos, havíamos chegado a Ilê-Ifé, a convite do eminente prof. Wande Abimbola, diretor do Departamento de Línguas e Literaturas Africanas, eu na qualidade de professor visitante da Universidade de Ifé. Do belo *campus* de Ifé nos deslocamos até Lagos em aventuroso e fatigante percurso automobilístico, a chamado do prof. Pio Zirimu, de Uganda, que dirigia a divisão do colóquio no Festac. Ao chegarmos, Zirimu participava de uma

FIG. 2: Pela primeira vez um afro-brasileiro participa das lutas internacionais do negro: aqui Abdias Nascimento é visto durante uma sessão do VI Congresso Pan-Africano (Dar-es-Salam, Tanzânia, jun. 1974). À esquerda, Sam Njoma, presidente da SWAPO (South West African People's Organization), movimento de libertação da Namíbia.

reunião do Secretariado Internacional do Festac. Era preciso esperar. E de espera em espera as lembranças me vieram à mente, tornando atuais e vivas as razões e os pormenores que antecederam aquela nossa visita à capital nigeriana.

Previamente necessitamos evocar a via-crúcis que o Festac 77 teve de percorrer, desde o momento em que a Nigéria foi escolhida como o país anfitrião do evento, ao encerrar-se o 1 Festival Mundial das Artes Negras em Dacar, Senegal, 1966. O segundo festival fora marcado para 1968, e desde então os imprevistos foram emergindo e impondo adiamentos atrás de adiamentos. Houve, inclusive, uma guerra civil – a de Biafra – interpondo-se no caminho difícil do segundo festival. Somente depois de onze anos ele se tornaria realidade concreta, entre 15.1.1977 e 12.2.1977, em Lagos.

Segundo o planejamento concebido na origem de sua estruturação, o segundo Festac, a exemplo do ocorrido no primeiro, deveria comportar um colóquio para reunir *scholars*, professores, pesquisadores, artistas e estudiosos do mundo negro-africano. Tal objetivo se baseava na necessidade de, simultaneamente às exibições de arte visual, às demonstrações de teatro, dança e música, provocar um diálogo e uma reflexão coletiva da inteligência negro-africana a respeito do passado, do presente e do futuro dos povos de origem africana. Ao colóquio deveriam comparecer, efetivando um intercâmbio de ideias – livre, aberto e democrático –, não apenas as delegações oficiais enviadas pelos países participantes. Tinha-se como fundamental à legitimidade de um foro daquela natureza o comparecimento de personalidades, intelectuais e artistas negros, cuja contribuição fosse considerada relevante e/ou valiosa aos alvos perseguidos pelo colóquio, os quais seriam qualificados como participantes oficiais e independentes, embora não engajados à representação governamental dos respectivos países. A Unesco, copatrocinadora do colóquio, se encarregaria de promover o convite a essa categoria de coloquiandos. Essa correta promoção do colóquio estava em andamento. Em 30.12.1974, recebi da Unesco a seguinte carta:

A Unesco realizará, durante o festival [àquela época programado para novembro e dezembro de 1975], um encontro sobre "A Significação das Artes Criativas na África e fora da África". A fim de que a discussão possa ser bem focalizada, estamos pedindo a uns poucos especialistas internacionais para preparar documentos de trabalho para o simpósio. Considerando a sua própria pesquisa e experiência, penso que o senhor poderia dar uma importante contribuição sobre a influência da cultura africana sobre as artes no Brasil.

Maurice Glelé,
Divisão de Estudos Culturais.

O Festac sofreu novo adiamento. Redigi e enviei o trabalho solicitado pela Unesco e, datada de 23.12.1975, recebi dessa instituição carta em que dizia: "Tenho o prazer de informá-lo que sua contribuição é excelente e preenche os termos do contrato que o senhor teve a gentileza de assinar conosco. [...] Agradeço-lhe novamente por sua cooperação. Maurice Glelé, Divisão de Estudos Culturais."

Parecia que, ao findar-se a guerra de Biafra (1967-1970), tudo se encaminhava para a concretização definitiva do II Festival Mundial das Artes Negras. Parecia. Porém, mais dois sérios obstáculos se ergueriam outra vez: a corrupta ditadura do coronel Yakubu Gowon, que vinha de 1966, foi derrubada por um golpe militar em 1975, e substituída pelo governo do general Murtala Ramat Muhammed. Este liderou uma administração competente e amada pelo povo nigeriano. Mas em 29.7.1975 o general Murtala Ramat Muhammed foi assassinado por oficiais sublevados. Subiu à chefia do governo outro general de grande inteligência e patriotismo, Olusegun Obasanjo, a quem caberia inaugurar o Festac 77. Entretanto, quase às vésperas do início do festival, houve nova complicação: o Senegal, grande patrono junto da Nigéria, retirou-se do Festac. O presidente Léopold Senghor não se conformara com a insistência dos países árabes em ser participantes do colóquio. Este deveria continuar, segundo o projeto original, um diálogo doméstico entre os membros da família negro-africana, no continente e na diáspora. Uma reunião da família negra sem a interferência de estranhos, ainda que vizinhos, nada tem de insólito. Antes trata-se de uma necessidade e/ou de um desejo muito natural de qualquer grupo étnico, cultural, político, geográfico etc. Com efeito, basta considerar os próprios países árabes, que pressionaram sua admissão ao colóquio. Eles têm uma organização permanente e exclusiva: a Liga Árabe. Nem por isso são definidos como chauvinistas xenófobos ou racistas, conforme se quis insinuar a propósito do Senegal, cuja perspectiva merece o respeito e o acatamento de todos os irmãos de origem, de cultura e de história, pois ela configura um caminho genuíno de a Nação Negro-Africana afirmar a sua humana universalidade[1].

O incidente manteve o Festac em ponto morto durante algum tempo. Terminou com a volta do Senegal. Lamentavelmente, o irmão Alioune Diop, que era o secretário-geral do Festac e que se retirara com o seu país, o Senegal, não voltou com o retorno deste. O Festac 77 perdeu a colaboração desse africano capaz e há tantas décadas inteiramente dedicado ao trabalho cultural e artístico em função da liberdade, da identidade e da dignidade dos negro-africanos em qualquer parte do mundo.

Considero um infortúnio que após os ditos adiamentos e entreveros, e com a aproximação do efetivo início do Festac, um silêncio equívoco fosse baixando sobre a participação da Unesco no colóquio. Dir-se-ia que alguns países, entre os quais o Brasil, trataram de evitar a discussão aberta, democrática e independente preconizada pela Unesco, e a melhor maneira de conseguir isso seria com o afastamento dessa instituição. Esses países queriam substituir o conceito de "oficial" da Unesco (convidado oficialmente) por outro conceito: o de "oficial" como exclusivamente significando "governamental" e não independente. O fato objetivo é que, às vésperas do Festac, o copatrocínio da Unesco ao colóquio era assunto confuso, ninguém sabia informar acuradamente o destino das contribuições que essa agência da onu já havia providenciado.

Tentando evitar que o colóquio se amesquinhasse, transformando-se em mera caixa de ressonância de recados governamentais, o prof. Pio Zirimu exauria suas forças e suas reservas de paciência. Tanto ele como o grupo de especialistas que dentro do colóquio tomava as decisões assumiram inteligentemente o modelo da Unesco. Organizaram uma lista de intelectuais e artistas negros capazes de fornecer à assembleia do simpósio uma versão autônoma daquela previsível das delegações governamentais. Uma visão alternativa, enriquecedora e dinamizadora dos trabalhos de um acontecimento cultural que se desejava fosse significativo para os destinos futuros das massas negro-africanas dos diversos países, participantes ou não participantes do Festac 77. Entre outros, na lista que Zirimu me mostrara, achavam-se os nomes de C.L.R. James, de Trinidad, Carlos Moore, de Cuba, Eusi Kwayana, da Guiana, e Abdias Nascimento, do Brasil. Fui convidado para ser um dos oradores na série de conferências públicas a ter lugar simultaneamente às atividades do colóquio e como uma parte integral dele.

No pátio retangular Elisa e eu esperávamos. Por fim a reunião do Secretariado Internacional terminara. Representantes dos diversos países saíam pela porta que dava ao pátio, em busca do vento refrescante. Entre os representantes norte-americanos estavam meus amigos Jeff Donaldson, renomado muralista e pintor, chefe da delegação do seu país; o médico dr. Fletcher Robinson, ativamente envolvido tanto nos assuntos de saúde quanto nas batalhas socioculturais de liberação do seu povo; o crítico de arte e poeta Ed Spriggs, diretor do Studio Museum in Harlem. Trocávamos cumprimentos e abraços quando, de repente, alguém me chamou a atenção para um vulto, uma pessoa, talvez, que, evitando ser vista, tentava me fotografar. Escondia-se atrás de outras pessoas, e ao ver-se apanhado em flagrante por mim e meus amigos, todos nós voltados surpresos em sua direção, o improvisado fotógrafo rapidamente guardou sua máquina e seu vulto desapareceu entre a multidão das delegações. Com o auxílio dos companheiros imediatamente pude identificar o inusitado "retratista": tratava-se, nada mais nada menos, do dr. George Alakija, representante permanente do governo ditatorial brasileiro junto ao Festac! Foi aquele o meu primeiro encontro com ele, marcado de tons policialescos, num local onde supostamente apenas se trataria de matéria pertinente à inteligência, à arte e à cultura dos povos negro-africanos. No decorrer deste depoimento se verá até que ponto o dr. Alakija se esforçou na prestação desse tipo de serviço à ditadura brasileira. Meus passos e movimentos não saíram mais da sua mira de olho vivo do governo militar no seio do Festac 77.

De fato, aquela minha situação de vigiado começara bem antes de Lagos. Já o consulado brasileiro em Nova York, dois anos antes, havia confiscado ilegalmente o meu passaporte. Minha palavra em diversos encontros internacionais africanos (Kingston, Jamaica; Dar-es-Salaam, Tanzânia; Dacar, Senegal etc.), expondo de corpo inteiro o racismo, antigo e mascarado, imperante no Brasil há quase quinhentos anos, motivou aquela violência do nosso governo ditatorial. Era a primeira vez que um negro deste país fornecia à comunidade internacional uma versão diferente da "democracia racial" tão celebrada pelos porta-vozes oficiais brasileiros invariavelmente brancos, no âmbito da ONU, da Unesco e dos congressos de ciência e cultura dedicados ao exame de relações raciais, ao racismo e/ou à discriminação racial. Uma voz discordante das normas ditadas pelas classes dirigentes e governantes deveria ser calada a todo custo. E, para que assim fosse, arbitrariamente e contra todo mandamento legal, o consulado de Nova York, obviamente cumprindo instruções de Brasília, escamoteou meu passaporte. Entretanto, não obtiveram sucesso em seu desígnio de impedir minha liberdade de ir e vir. A apreensão ilegal do meu passaporte não conseguiu me imobilizar. Apenas me obrigou a utilizar, como residente permanente dos Estados Unidos, da faculdade de obter, no Departamento de Justiça daquele país, um documento que me habilitava a viajar a qualquer parte do mundo (ver Apêndice, p. 92). Assim frustrei a imobilização e o silêncio que o governo ditatorial tentou me impor. Mas a vigilância sobre mim em Lagos, eu a sentia e percebia por todo o canto, conforme prova a tentativa fotográfica do dr. Alakija e os fatos subsequentes a ela. Os tentáculos da repressão se estenderam até o seio mesmo da assembleia do colóquio. E até lá na distante cidade sagrada de Ilê-Ifé, a embaixada brasileira em Lagos possuía um informante: o leitor de português da Universidade de Ifé, sr. Antônio Vieira.

Quem Matou Pio Zirimu?

Naquele primeiro encontro com o prof. Pio Zirimu, a pedido dele, acertei minha colaboração na série de conferências públicas programada pelo colóquio como parte integrante de suas realizações. Voltei às minhas tarefas na Universidade de Ifé, e daí a uns vinte dias, com a ajuda de fontes de informação que me proporcionou generosamente o colega Olabiyi Yai, pude terminar a redação do texto da conferência. Enviei-o a Lagos pelo correio e esperei. Zirimu me convocou novamente a Lagos. Ofereceu a mim e a Elisa um almoço no grandioso Teatro Nacional, construído especialmente para abrigar o Festac 77. Enquanto comíamos uma refeição bastante simples para aquele ambiente monumental, Pio Zirimu falava em tom baixo e triste. Queixou-se das dificuldades, das pressões desencadeadas sobre o colóquio, as quais diariamente aumentavam a intensidade de suas exigências, desfiguradoras do evento. Zirimu estava muito inseguro com o rumo dos acontecimentos, e francamente expôs o temor de que seu longo trabalho preparatório, de alguns anos, estivesse destinado ao fracasso. Contudo, Zirimu era um homem de fé e de esperanças. Mantinha-se firme no posto, apesar da tempestade, trabalhando por aquilo em que acreditava: um futuro melhor para a África e para os povos de origem negro-africana. No fim do almoço Zirimu abordou diretamente o assunto nevrálgico para o qual me chamara: a minha participação no colóquio. Disse que nada ainda estava resolvido. Sem embargo, tinha um encontro marcado dentro de poucos dias, a seu ver decisivo, entre o comandante Fingesi, presidente do Festac, o embaixador do Brasil em Lagos, Geraldo Heráclito Lima, e ele, Pio Zirimu, diretor do colóquio. Eu deveria aguardar o resultado daquela reunião. Com a previsível certeza de que meu trabalho não obteria trânsito num colóquio onde a ditadura brasileira exercia tamanha pressão, regressei a Ifé. Algum tempo decorreu, e datada de 15.12.1976 recebi uma carta de Pio Zirimu. Deplorava o fato de não ter conseguido a aceitação da minha comunicação. Certos trechos registravam sua amargura:

> Lamento que você não tenha recebido antes notícias minhas. Eu só tenho uma confissão de insucesso para relatar. Não pude conseguir que seu trabalho fosse aceito pelo *establishment*. [...] Estou convencido de que o material deve ser publicado. [...] Espero que as forças da história ainda trabalhem, continuem a trabalhar, para trazer à luz o que você tão claramente disse em seu trabalho.

Mais alguns dias se passaram, e a 30.12.1976 soube-se da morte repentina de Zirimu num hospital de Lagos, aparentemente devido a um colapso cardíaco. O generoso e ardente coração de Pio Zirimu não fora bastante duro e insensível para suportar as manobras vis e as pressões grosseiras a que se viu exposto pelos manipuladores do poder.

Naquele ínterim, a integridade cultural do colóquio perigava. Alguns intelectuais nigerianos, principalmente os jovens, mostravam-se inconformados com os rumos dos acontecimentos. Entre os que se movimentavam articulando medidas de salvamento do colóquio à beira do fracasso total, achavam-se o cineasta Ola Balogun e o dramaturgo Wole Soyinka. A 30.12.1976, o *Daily Times* [de Lagos] publicou uma entrevista com Wole Soyinka na qual este fazia enérgico apelo de socorro ao chefe de Estado nigeriano, general Obasanjo. Naquele SOS o famoso escritor e professor da Universidade de Ifé investia contra os sucessos que se desenrolavam nos bastidores do colóquio, "virtualmente tomado por burocratas e diplomatas de visão mesquinha, mascarados como representantes dos interesses dos seus países".

Mais adiante acrescentava:

> Em vez de aderir à lista original dos participantes, elaborada pelos especialistas da divisão do colóquio, alguns burocratas todo-poderosos decidiram um novo e sinistro método de enviar convites de participação aos governos. [Esse critério] tinha resultado na objeção de participar a doze importantes intelectuais e artistas da África Ocidental, América Latina e Índias Ocidentais [...] Nenhum governo pode ser considerado como agindo de forma honesta, leal e responsável, se ele usa qualquer tática, seja qual for, para excluir dessa reunião artistas e intelectuais que tenham qualquer coisa de valor a contribuir para os povos negros e africanos em sua busca contínua de total liberação e realização criativa.

Soyinka previa, igual ao que Zirimu temia, o perigo de o colóquio se tornar "um desfile de medíocres e consequentemente uma desgraça para o negro e o mundo africano". O testemunho destas páginas confirma a previsão de Soyinka e a apreensão de Zirimu: elas se consumaram plenamente.

Naquele contexto de dúvidas, pressões, manipulações políticas e atos de força de países participantes contra vários dos prospectivos convidados ao colóquio, ficou selada a minha sorte. Vetado como um delegado oficial, só me restava a alternativa da participação como observador. Não tinha direito a voto nem de apresentar propostas, mas pelo menos poderia intervir nas discussões. Tomei esse caminho e tirei dele todo o proveito possível, em face das circunstâncias que me rodeavam.

Fique de início registrado que os fatos que acabei de mencionar, bem como outros que relatarei adiante, expuseram uma imagem do governo ditatorial do Brasil de forma bastante crua, embora condizente com o clima político interno no país, onde imperavam o terror, a tortura e a morte. A ponto de um alto funcionário de uma organização internacional de ciência e cultura, logo que foram encerrados os trabalhos do colóquio, haver se deslocado até Ifé especialmente para me entrevistar a respeito do desaparecimento súbito daquele ilustre irmão ugandense. O que ou quem teria matado Pio Zirimu? Investigando as circunstâncias, de certa forma misteriosas e/ou obscuras para ele, do falecimento imprevisto do diretor do colóquio, aquele africano levantava hipóteses, perguntas e conjecturas. Naturalmente eram do conhecimento público as pressões do governo autoritário brasileiro sobre as decisões do colóquio e do seu diretor. O que então se investigava era: qual poderia haver sido a implicação, direta ou indireta, do governo brasileiro na morte de Zirimu? Essa é uma interrogação que continua esperando resposta entre muitos intelectuais africanos.

Quanto a mim, posso dizer que, na proporção inversa do cerco que se apertava a meu redor, por parte dos agentes do governo ditatorial, aumentava a solidariedade que os irmãos nigerianos e de toda a África passaram a me oferecer espontaneamente. Muito confortador para mim foi o gesto do diretor do meu departamento na Universidade de Ifé, prof. Wande Abimbola: ao saber da minha rejeição incontinente tomou a decisão de publicar o meu trabalho sob a chancela acadêmica oficial daquela instituição, traduzido por Elisa Larkin Nascimento e com prefácio de Wole Soyinka. Durante as sessões do colóquio, tanto plenárias como dos grupos de trabalho, recebi constantes e afetuosas manifestações de apoio e solidariedade. Disso farei referência no decorrer desta narrativa. Devo enfatizar a imprensa nigeriana, que se comportou tremendamente solidária comigo. O apoio decisivo que dela recebi transformou meu trabalho rejeitado numa denúncia vitoriosa porque discutida dentro e fora do recinto do colóquio. Ao valor dessa imprensa credito o completo fracasso do sítio que a embaixada armou para me isolar dos acontecimentos, me desonrar como pessoa e destruir minha credibilidade de professor universitário especializado nos problemas do mundo negro-africano e afro-brasileiro.

Quero celebrar neste momento a contribuição fundamental que recebi, passados dois anos da realização do Festac 77, do irmão militante de um país africano. Graças a ele estou em condições de agora elucidar vários aspectos que ficaram inexplicados, obscuros ou velados na versão que desses fatos no colóquio apresentei no "Prólogo: História de uma Rejeição", do meu livro *O Genocídio do Negro Brasileiro*[2]. Afortunadamente, essa recente aquisição me permitiu manusear o texto "secreto" ou "confidencial" de um conjunto de telegramas enviados por nossa embaixada em Lagos ao ministro do Exterior, em Brasília. São cerca de uns vinte despachos telegráficos transmitidos entre 18.01.1977 e 2.02.1977, período que durou a realização do colóquio do Festac 77. Os lances principais dessa incrível história de espionagem, pressão e repressão, de fundo racista, estão redigidos na linguagem tradicional do Itamarati, maliciosa e hipócrita. Mas não a ponto de conseguir dissimular ou esconder suas motivações escusas e os propósitos de bloquear a minha fala, a qual desvelaria o racismo brasileiro e o exporia à discussão do plenário.

As revelações que se seguem vão mostrar o lado oculto e sombrio do racismo sistemático e institucional que jamais se conseguiu antes documentar e expor publicamente. As autoridades brasileiras da diplomacia e da "segurança" vão se surpreender. É para surpreendê-las que faço estas revelações, convicto de estar prestando um serviço a meu país, merecedor de um corpo diplomático de melhor qualificação e competência. Se impossível essa melhoria na dimensão intelectual, que ao menos nossa burocracia diplomática consiga um nível mínimo de ética funcional e de compostura moral de seus agentes ou representantes no exterior. Pois não será bastante o selo "confidencial" dos telegramas para impedir que a lama branquicefálica que deles escorre comprometa e suje, indelevelmente, a imagem do país no estrangeiro. Esconder a podridão racista, enfiando a cabeça na areia à moda do avestruz, só agrava, e nunca erradica, o problema racial de uma nação edificada pelos negros e desde sempre governada por uma minoria que se autodefine de preponderante origem branco-europeia.

2
Os Telegramas:
Estratégia e Prática do Sítio

Encarregado de chefiar a delegação brasileira junto ao Festac, viajou especialmente a Lagos o embaixador F. Grieco. Ele firmou os primeiros despachos telegráficos e, depois de sete dias, passou a chefia da delegação ao embaixador permanente em Lagos, Geraldo de Heráclito Lima, tudo sincronizado com as instruções que se recebia do ministro do Exterior do Brasil. Dessa situação se faz menção explícita no texto de um dos telegramas.

A forma resumida como os telegramas são aqui apresentados não altera nem diminui a significação repressiva e violenta de que se nutrem. A violência oculta do racismo brasileiro aqui explode numa estratégia articulada na qual se revelam até os nomes e o elogio aos assalariados que trabalharam na execução daquilo que deveria ser o meu sítio de descrédito, incomunicação e assassinato acadêmico. Também revelam os telegramas o desespero do governo ditatorial brasileiro ao ver-se sob uma ameaça considerada altamente forte e perigosa, incorporada na frágil pessoa de um professor e de um trabalho cultural, entre centenas de outros no colóquio. Diariamente um ou mais despachos, longos e detalhados, desde Lagos cruzavam o Atlântico rumo a Brasília. E tudo por quê? Sobre mim não pesava nenhuma acusação, mesmo aquela desmoralizada de "subversivo". O embaixador em Lagos menciona noutro documento, explicitamente, que abandonei o país por vontade própria. Qual, então, o motivo da cassação do meu passaporte, da perseguição e da vigilância sobre os meus passos, e as manipulações brasileiras visando a rejeição do meu trabalho e da minha pessoa como partes do colóquio? A resposta a temos clara e direta nos telegramas. Sem embargo, é quase certo que o resumo dos documentos oficiais que divulgo a seguir vai ter sua autenticidade contestada.

Provavelmente vão qualificar essa documentação como simples fruto da minha imaginação ou da fantasia do irmão africano que a conseguiu para mim num gesto de fraterna solidariedade pan-africana. Prevendo uma tal hipótese estou me preparando para, assim que a situação legal e democrática do país o permitir, pleitear junto à Câmara dos Deputados e ao Senado Federal que legislem ou requeiram a liberação desses telegramas dos arquivos do Itamarati, e que na íntegra se dê conhecimento do seu texto ao povo brasileiro. Nem a "segurança nacional" nem a "democracia racial" podem merecer o respeito público enquanto se basearem em atos arbitrários, de violência e ilegalidade, praticados sob o sinete do "confidencial", "reservado" ou "secreto". O povo brasileiro, e especialmente a massa afro-brasileira, precisa saber como é que funciona essa máquina infernal do supremacismo branco encastelado nas instituições públicas do país.

Transcrevo em seguida os tópicos principais tirados da correspondência telegráfica entre o embaixador e o ministro. Procurarei, dentro do possível, alistar os itens na ordem cronológica da emissão dos telegramas, no propósito de dar ao leitor uma ideia da sequência dos acontecimentos. E assim principia o embaixador Grieco informando ao ministro que:

1. O leitor de português da Universidade de Ifé, Antônio Vieira, lhe informara que o trabalho de Abdias Nascimento – A.N. – havia sido rejeitado pelo colóquio.

2. O prof. Fernando A.A. Mourão, vice-diretor do Centro de Estudos Africanos da Universidade de São Paulo, lhe informara que A.N. estava tentando participar do colóquio.

3. Que A.N. estava circulando pelos corredores e salas do colóquio buscando apoio de delegações a fim de obter, *por pressão* [[o uso do itálico aqui e a seguir nesta lista de tópicos indica grifo de Abdias]], que se revogasse a rejeição do seu trabalho.

4. Que solicitara ao prof. Fernando Mourão um estudo do regulamento e do regimento interno do colóquio, basicamente para saber se um observador poderia fazer uso da palavra nos debates.

5. Que fará "intervenção discreta" junto ao comandante Fingesi, presidente do Festac, no sentido de *impedir* que o trabalho de A.N. seja reconhecido pelo plenário, isso com base no regulamento. Caso este o permita, solicitará ao comandante Fingesi *fazer pressão* sobre a comissão do colóquio, a fim de manter a rejeição do estudo de A.N.

6. Que instruiu os delegados brasileiros no colóquio para *cassar* a palavra de A.N. caso ele tente falar nos debates.

7. Caso o regulamento assegure a A.N. o direito de "intervenção verbal", os delegados deverão, individualmente, dar-lhe resposta à altura.

8. No caso de A.N. distribuir o trabalho aos membros do colóquio e à imprensa, a embaixada deveria publicar nos jornais uma *nota oficial* que já estava sendo preparada.

9. Em resposta às afirmações feitas pelo prof. Mourão em trabalho que apresentou, A.N. fez uma intervenção durante a sessão de um dos grupos de trabalho, denunciando em termos violentos e teatrais o domínio da minoria branca sobre a maioria de descendentes negro-africanos no Brasil, "à semelhança da África do Sul".

10. Denunciara ainda A.N. que o governo brasileiro lhe recusou o passaporte a que tinha direito como qualquer cidadão brasileiro.

11. A.N. acusara a representação brasileira no colóquio de não possuir significação acadêmica. Ela só representava os interesses oficiais, para propagar o mito da "democracia racial".

12. O prof. Mourão, comedidamente, contestou todas as alegações de A.N., realçando a importância da contribuição

cultural africana ao Brasil, principalmente na etnologia e linguística. Limitou-se à discussão acadêmica e científica, sem conotação política.

13. O representante do Zaire [o ditador Mobuto] apoiou imediatamente o prof. Mourão, destacando o intercâmbio cultural que o Brasil procura desenvolver com o seu e com outros países africanos.

14. O representante do Suriname, que em reunião preparatória havia atacado o Brasil, agora o apoiava, elogiando o esforço de identificação cultural brasileira às suas raízes africanas.

15. Cuba também se manifestara em concordância com o prof. Mourão no que se referia à influência da cultura africana nos países da América Latina.

16. O grupo norte-americano, *que não tem cunho de representação oficial*", aplaudiu A.N.

17. A.N. fez circular cópias do seu estudo *"Democracia Racial" no Brasil: Mito ou Realidade?* [[O embaixador Grieco]] enviará exemplar pela mala diplomática.

18. Até aquele momento, não tinha havido repercussão dos acontecimentos na imprensa.

19. O *Sunday Times* [edição dominical do *Daily Times*], 23.1.1977, "aparente jornal independente", em entrevista de primeira página, publica declarações de A.N. afirmando existir um "império da brancura" no Brasil, onde o negro desaparece através de um "genocídio que não deixa marcas do seu crime". A.N. protesta contra a rejeição do seu trabalho, afirma que a delegação oficial está alienada da situação concreta dos negros na sociedade brasileira.

20. Na mesma entrevista o coronel Ahmadu Ali, ministro da Educação e presidente do colóquio teria declarado que as teses apresentadas só foram rejeitadas por não serem estritamente acadêmicas ou por serem intencionadas a propagar credos ideológicos. [Transcrevo o *Sunday Times*: "O coronel Ali iniciou dizendo que não estava à frente do colóquio quando se fez a seleção dos trabalhos. O diretor era Pio Zirimu." Mas "disse ser provável que alguns trabalhos pudessem ter sido recusados por não serem estritamente

académicos, ou procurarem usar o fórum de discussão para propagar crenças ideológicas". Sem embargo, "não estava consciente da rejeição de nenhum trabalho, exceto aqueles que se atrasaram no prazo exigido para a submissão".]

21. Entendia [[o embaixador]] que, devido ao *caráter acadêmico das acusações* de A.N., estas teriam limitada repercussão no meio de tantas manifestações artísticas de cunho popular. Assim opinava que não se deveria contestar as "afirmações absurdas" de A.N.

22. As afirmações de A.N. à imprensa não mereceram a atenção dos membros do colóquio.

23. Os delegados brasileiros estavam obtendo boa acolhida no seio do colóquio.

24. Temia [[o embaixador]] que a abertura de uma polêmica entre os delegados do governo brasileiro e A.N. pudesse tomar rumos não desejados pelo colóquio e pelas autoridades do Festac 77.

25. Observava ser o clima do colóquio absolutamente desfavorável a qualquer "conotação política". Cita, como exemplo, o fracasso do Senegal com o tema da "Negritude".

26. Considerava que as declarações do coronel Ali, presidente do colóquio e ministro da Educação, referentes ao trabalho de A.N., evidenciaram o caráter ideológico despropositado da monografia.

27. Reiterava, por isso, a desnecessidade de qualquer comentário ou esclarecimento da delegação brasileira ao colóquio.

28. Informava, entretanto, que A.N. continuava contestando as teses da delegação brasileira, com o amparo da delegação norte-americana "não oficial".

29. Comunicava que o *Daily Sketch* (26.1.1977) [[de Ibadan]] publicara um longo artigo favorável à posição de A.N. e lamentava a exclusão do seu trabalho.

30. O prof. Mourão lhe informara que o Grupo de Trabalho iv: Civilização Negra e Consciência Histórica ia sugerir ao plenário do colóquio a criação de uma comissão permanente do Festac 77 para investigar a discriminação racista contra

os negros no Brasil. Para tal sugestão o Grupo IV se fundamentava no trabalho rejeitado de A.N. [A proposta inicial partiu da delegação de Zâmbia.]

31. A delegação brasileira entrou em contato imediato com o reverendo Engelbert Mveng, dos Camarões, relator-geral do colóquio, *pressionando-o* no sentido de recusar a moção que consignava a contribuição de A.N. Mveng teria assegurado aos delegados *não permitir* a adoção de teses "radicais e ideológicas".

32. [[O embaixador h]]avia procurado pessoalmente o comandante Fingesi, presidente do Festac, para tratar do caso das denúncias feitas por A.N. Teria o comandante Fingesi se manifestado "chocado" com as inverdades de A.N., já que conhecia o Brasil. Comprometeu-se a contatar [leia-se pressionar] o coronel Ali, presidente do colóquio, e garantira a ele, embaixador, que as autoridades nigerianas não permitiriam, em qualquer hipótese, que se votasse a criação de grupo ou comissão de pesquisas de nenhuma espécie.

33. Havia se encontrado novamente com o comandante Fingesi, no dia seguinte, "em cerimônia pública". Este lhe havia reiterado o compromisso anterior de bloquear a sugestão do Grupo IV, declarando-lhe ainda que as providências já haviam sido tomadas.

34. O embaixador Grieco passava a chefia da delegação do Festac ao embaixador Geraldo de Heráclito Lima, a fim de regressar ao Brasil. Informava que o embaixador Heráclito vinha participando das conversações [leia-se manipulações] com o comandante Fingesi. Elogiava os méritos e os valiosos serviços prestados pelos professores e africanólogos brasileiros no colóquio.

35. Os delegados Fernando Mourão e Gumercindo Rocha Dorea informaram-lhe que o relator do Grupo IV, dr. Aleme Eshete, da Etiópia, ao contrário das promessas e seguranças do comandante Fingesi ao embaixador Grieco, formulou em seu relatório a recomendação de promover uma investigação, pesquisa ou inquérito a respeito da situação do negro no Brasil. [O texto da Recomendação aprovada pelo Grupo

IV é o seguinte: 5. *Contribuição Cultural Africana no Brasil, Suriname e Índia Dravidiana:* Os membros deste colóquio recomendam que, em vista do forte protesto do prof. Nascimento, uma investigação seja feita sobre as condições dos negros no Brasil, para se verificar se há ou não discriminação contra os negros e a cultura africana. Que outras pesquisas sejam realizadas sobre a posição da assimilação e da contribuição dos africanos no Brasil.]

36. Os delegados presentes, profs. Mourão, Dorea, Alakija e Jurandyr, interpelaram o dr. Aleme Eshete, indagando-lhe sobre o *status* de A.N. no colóquio. Foram informados que A.N. era um convidado especial do secretário-geral do Festac, sr. Ambrose Mbia.

37. O prof. Mourão tentou ainda argumentar com razões de "direito internacional" e ato que feria a soberania do país, além de outros argumentos análogos. Nenhum deles conseguiu demover o dr. Eshete de incluir a recomendação aprovada em seu relatório.

38. O dr. Aleme Eshete contestara aos delegados brasileiros que a recomendação do Grupo IV não acusava o Brasil de nenhuma prática racista. Supunha que tal enquete resultaria completamente favorável ao Brasil, pois acreditava no retrato racial fornecido pelos delegados Mourão e seus companheiros de delegação oficial.

39. Ao debate no Grupo IV estavam presentes, entre outras, as delegações de Zâmbia, Guiné-Conakri, Somália, Etiópia, Cuba e Estados Unidos, que aplaudiram a decisão favorável à permanência no relatório da discutida recomendação. Somente a delegação do Zaire [Mobuto], também presente, apoiou os delegados brasileiros.

40. O prof. Mourão tentou, como argumento derradeiro, erigir impedimentos de ordem burocrática, no que não obteve sucesso.

41. Decidira [[o embaixador Lima]] procurar imediatamente o comandante Fingesi para conseguir dele "que determine" ao reverendo Mveng, relator-geral, que *não apresente a*

recomendação a discussão e julgamento na sessão plenária do colóquio.

42. No caso de fracassar junto ao comandante Fingesi e ao reverendo, considerava de "fundamental importância" a publicação nos jornais de uma *nota oficial*. Estava certo de que os afro-norte-americanos iriam aproveitar a repercussão do Festac para desfechar uma "campanha difamatória" na imprensa americana e mundial, do tipo daquela que se fez recentemente na Europa em relação aos índios.

43. Os negros norte-americanos estavam interessados numa atuação desse tipo por questões de "economia interna para a plateia norte-americana": o Brasil, e não os Estados Unidos, passaria a ser o país "execrado" internacionalmente, na qualidade de patrocinador de uma nova modalidade de *apartheid*.

44. Procurou outra vez o comandante Fingesi e, pessoalmente, enfatizou a inconveniência da recomendação do Grupo iv, "e a maneira irregular pela qual foi sub-repticiamente" incluída no relatório daquele Grupo.

45. Tanto o comandante Fingesi quanto o coronel Ali garantiram que "iriam até o chefe de Estado, general Obasanjo, se necessário", a fim de *bloquear* a recomendação.

46. Por interferência direta do coronel Ali, a recomendação do Grupo iv foi vetada no plenário. [Ver o desenrolar desse episódio às p. 28-36 da nova edição de *O Genocídio do Negro Brasileiro*.]

47. A.N. havia sido contido na imprensa. O "relações-públicas" da Mendes Júnior estava encarregado de *bloquear* as entrevistas de A.N. e de colocar nos jornais entrevista de Olga do Alaketo e de engenheiros da Promon. [Ver *Sunday Times*, 30.1.1977, entrevista de Bisi Adebiyi: "Regai Olga Alaketo... from Bahia, Brazil", p. 12 e 13.]

48. Com tais providências estava modificando "na medida do possível" a imagem do Brasil na Nigéria. Da mesma forma estava articulando "discretamente" providências semelhantes em nível internacional.

49. Sublinhava os altos méritos e serviços de informação [repressão, espionagem e difamação] prestados pelos profs. Mourão,

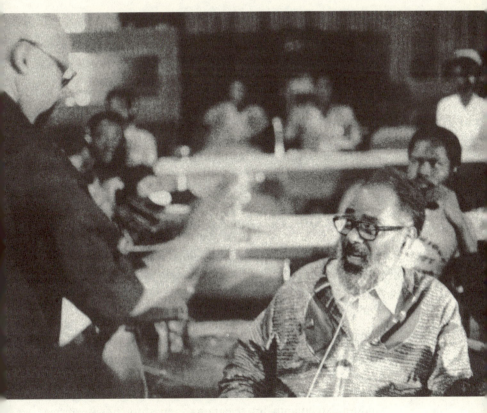

FIG. 3: Dr. Maulana Ron Karenga e Abdias Nascimento dialogam no plenário do colóquio do II Festival Mundial de Artes e Culturas Negras e Africanas (Lagos, Nigéria, jan. 1977). Foto: Meuer.

Dorea, Alakija e Jurandyr, cuja cooperação tinha sido importante na conquista daqueles resultados positivos.

50. Lamentava informar que na sessão solene de encerramento do colóquio, ao fazer uso da palavra, o dr. Maulana Ron Karenga, dos Estados Unidos, atacou a delegação brasileira, chamando o Brasil de país de minoria branca opressora da maioria de ascendência negro-africana.

51. O improviso de Karenga, cujo texto completo enviaria assim que o conseguisse, iria provocar repercussões na imprensa.

52. Ficava assim provada a ligação de A.N. "aos grupos americanos de inspiração esquerdista".

Algumas Observações Acerca dos Telegramas

Alguns desses tópicos pedem comentários e certas observações. A propósito de um deles que me acusa de tentar a revogação da rejeição do meu trabalho através de *pressões*, vale notar que ao longo de toda a documentação telegráfica não se registrou que eu tivesse tido o poder de exercer qualquer espécie de pressão sobre quem quer que fosse. Muito pelo contrário, o que o telégrafo testemunhou foi que, ao se discutir e votar no Grupo IV a proposta do delegado de Zâmbia, e não a minha, que consagrava o meu trabalho, várias delegações a aplaudiram espontaneamente, aprovando-a. No entanto, um telegrama contraditoriamente afirma que a proposta foi incluída no relatório do Grupo IV de maneira irregular e sub-reptícia! Como é possível alguém acreditar que um observador isolado, como era o meu caso, tivesse tamanha influência e poder capaz de pressionar as delegações de Etiópia, Zâmbia, Guiné-Conakri, Cuba e Estados Unidos? Em contraste, o que ficou documentado reiteradamente foi o consistente trabalho de pressões, reais e verdadeiras, realizado pelos embaixadores Grieco e Heráclito e seus serviçais, os "profs." Mourão, Dorea, Alakija e Jurandyr. O presidente do Festac, comandante Fingesi, o presidente do colóquio, coronel Ali, o relator-geral, reverendo Mveng, o relator do Grupo IV, dr. Eshete, tiveram de aguentar uma extensa carga de pressões e "aborrecimentos".

Aliás, no capítulo das pressões, convém lembrar a permanente arrogância autoritária do Brasil frente às autoridades nigerianas e do Festac, inclusive, conforme assinalamos há pouco, definindo de "sub-reptícia" uma moção votada sob os aplausos da maioria absoluta dos delegados presentes àquela sessão. Nesse episódio se fixou mais uma vez a dimensão menor do Brasil em sua projeção internacional: vangloriando-se de haver recebido um único voto de apoio do delegado do ditador Mobuto Sese Seko, chefe de um dos governos mais odiados em toda a África. Após cooperar no assassínio de Patrice Lumumba, herói da libertação do ex-Congo Belga, Mobuto se apoderou do poder e tornou-se o ditador execrado pelas massas africanas. Entreguista das riquezas minerais do Zaire ao neocolonialismo francês e belga, Mobuto encabeça uma ditadura corrupta e repressiva. Reproduz no continente africano uma excelente contrapartida de entreguismo, corrupção, esmagamento das liberdades públicas e direitos humanos vigentes em nosso país desde 1964. Essas semelhanças não casuais, e sim frutos da mesma causa básica, explicam a perfeita e total identificação de ambas as delegações, do Brasil [Geisel] e do Zaire [Mobuto], votando sincronizadas no colóquio. Mais outra manifestação da arrogância do governo brasileiro é documentada no momento em que se discutia e votava, na assembleia do colóquio, a mencionada proposta do Grupo IV de um inquérito a respeito da situação dos negros no Brasil. O dr. Alakija, declarando que falava em sua condição de representante permanente do governo ditatorial brasileiro junto ao Festac, ameaçou a Nigéria. Leu, em voz gaguejante, umas poucas palavras evidentemente escritas por outros: "A proposta em discussão é de natureza política. O prof. Nascimento não é um delegado oficial neste colóquio, por essa razão não pode fazer nenhuma proposta. Se essa recomendação, de sentido político, for aprovada, ela criará complicações e dificuldades nas relações entre o Brasil e a Nigéria."

O coronel Ali, presidindo os trabalhos, deu-lhe resposta fulminante: "Não, para a Nigéria não haverá nenhuma dificuldade e nenhum embaraço."

Evidentemente, diante daquela assembleia de *scholars*, professores, artistas e estudiosos, a imagem do Brasil diminuiu consideravelmente.

Outro tópico interessante: sempre que os telegramas se referiam à delegação norte-americana, consignava, entre parênteses, o qualificativo *não oficial* com o óbvio intuito de esvaziar ou diminuir a autoridade dos delegados daquela representação. Nada mais falso. A delegação norte-americana no colóquio se revestia do caráter *oficial* exatamente igual ao de qualquer outra que lá se achava. Ela era aprovada, financiada e reconhecida pelo Departamento de Estado dos Estados Unidos. Entre as delegações "oficiais" brasileira e norte-americana havia, de fato, uma diferença fundamental: a última não se constituía de pseudoacadêmicos governamentais como a do Brasil. O condenável racismo norte-americano não chega até onde se imiscui o racismo brasileiro. Num caso como esse do festival, embora ajudados financeiramente pelo Estado, são os artistas e os intelectuais afro-norte-americanos os únicos a tomarem as respectivas decisões. Eles mesmos escolhem os seus representantes, livres de qualquer interferência ou pressão do seu governo. O Brasil, no entanto, manda uma delegação oficial escolhida e dirigida pelo governo minoritário branco, sem nenhuma participação decisória na seleção por parte de artistas, intelectuais e acadêmicos afro-brasileiros. Diante de realidades de tal natureza, e na hipótese levantada pelo embaixador dos telegramas, qual, entre os dois racistas, o Brasil ou os Estados Unidos, deveria ser o país mais "execrado"?

Com invejável independência de decisão e organização em seus assuntos internos, os negros dos Estados Unidos puderam enviar ao Festac uma delegação oficial de alto padrão acadêmico e moral, capaz de representar dignamente os interesses da comunidade afro-norte-americana. Chefiando a representação no colóquio estava o dr. Maulana Ron Karenga, teórico ilustre e militante incansável das lutas de liberação dos seus irmãos de raça. O dr. Karenga é ainda professor de ciências sociais da Universidade da Califórnia em San Diego. Trabalhando conjuntamente com dr. Karenga, no colóquio, estavam o dr. Ronald Walters, professor e diretor do Departamento de Ciência Política da Howard University, em Washington D.C., e o dr. Molefi K. Asante, lúcido sistematizador do movimento cultural nacionalista denominado *afrocentricidade*. O dr. Asante, que é também poeta de valor, dirige o Departamento de Comunicações da Universidade do Estado de Nova York, em Buffalo. São essas algumas das personalidades que o embaixador tenta subestimar em seus telegramas, tachando-as de "esquerdistas". Basta ler os consideráveis escritos desses *scholars* para constatar que esse rótulo está muito fora de propósito e completamente equivocado[3].

Acrescente-se ainda que enquanto os delegados Mourão, Dorea, Alakija e Jurandyr, segundo testemunham os despachos, desenvolviam intensa atuação visando anular ou distorcer as decisões do Grupo IV e do plenário, ao se votar a única proposta aprovada pela assembleia de interesse imediato para o povo afro-brasileiro, foi o dr. Karenga quem a defendeu e apoiou. Tratava-se da recomendação que apresentei pleiteando que a língua portuguesa também fosse considerada como um dos idiomas oficiais em todos os futuros encontros internacionais do mundo africano. Os africanos do Brasil, Angola, Moçambique e Guiné-Bissau não deveriam continuar linguisticamente colonizados pelo francês e pelo inglês obrigatórios nesses encontros. A delegação brasileira estava tão afastada e indiferente aos interesses verdadeiros dos afro-brasileiros que nem se manifestou.

Nesse contexto torna-se impossível entender aquela alegação de "economia interna para a plateia norte-americana" apresentada pelo embaixador como justificativa para uma "campanha difamatória" dos negros norte-americanos do colóquio contra o Brasil. Pessoas de qualificação excepcional, de responsabilidades tamanhas junto a seu povo e às respectivas tarefas profissionais, que interesse teriam em limpar a mancha racista dos Estados Unidos? Estamos falando de pessoas cujas vidas, em todos os níveis, têm sido dedicadas exatamente à denúncia e ao combate do racismo norte-americano. Entretanto, como africanos íntegros na sua luta, estão todos empenhados em confrontar e esmagar o racismo onde quer que ele exista, como é o caso tanto dos Estados Unidos como o do Brasil, do Zimbabwe, da África do Sul etc. O problema do racismo está indissoluvelmente ligado à questão dos direitos fundamentais do ser humano. A vigência plena desses direitos é uma preocupação e um interesse que abrange toda a humanidade. Assim, denunciar os crimes do genocídio racista, em qualquer parte do mundo, é uma responsabilidade de todos nós. Portanto, quando classifica de "difamação" a denúncia feita pelo dr. Karenga do racismo brasileiro, o embaixador está implicitamente difamando não apenas os antirracistas brasileiros e estrangeiros, como também difama os órgãos internacionais como a onu e a Unesco, que desde 1950 patrocinam pesquisas de relações raciais no Brasil, as quais documentam, definitivamente, a vigência do racismo antinegro em nosso país. O grau de ignorância e má-fé do embaixador e seus assessores em questões de liberação do povo negro-africano é exibido sem disfarce ao conceberem essa absurda, alucinada e contraditória argumentação de que os negros "esquerdistas" norte-americanos, cuja "subversão" se constitui precisamente na sua luta antirracista em seu país, pretendessem substituir os Estados Unidos pelo Brasil como o país "execrado" internacionalmente.

O embaixador enfatiza num telegrama minha suposta ligação "aos grupos de inspiração esquerdista". Essa alegação se insere na tática global de manter os afro-brasileiros isolados dos seus irmãos de origem africana e de opressão socioeconômica, e nossa história registra como esse fato tem consistido uma preocupação e uma prática das classes dominantes e de seu segmento no poder. Com a chamada "revolução", esse mecanismo de divisionismo, enfraquecimento e isolamento dos afro-brasileiros da comunidade internacional dos africanos ganhou uma nova dimensão de arrocho: o labéu de *negro esquerdista*. Daí a facilidade e a ligeireza com que usam desse expediente para reforçar o supremacismo branco da elite dominante: basta apontar o negro consciente e inconformado como "esquerdista", e a polícia, os serviços de segurança, os esquadrões da morte, os tribunais controlados pela ditadura, fazem o resto.

O irônico dessa "acusação" no contexto do Festac se inscreve num aspecto bastante significativo da atuação do principal informante, o prof. Mourão. Este, em sua ansiosa tentativa frustrada de conseguir a simpatia dos delegados do colóquio, perambulava pelos corredores e salas do Teatro Nacional acompanhado dos seus colegas Dorea, Alakija e Jurandyr. Um grupo espectral vagueando quais fantasmas shakespearianos. Ninguém queria nada com eles, nem com as teses dos delegados "oficiais". Estas, apresentadas em livros bem impressos pela ditadura, descansavam tranquilas, aos montões, debaixo das mesas, sem que ninguém se interessasse em sua leitura. Acontecia que nesse vagar ambulativo o prof. Mourão contava e recontava, aos raros e ocasionais ouvintes que conseguia aliciar, a história dos seus tempos estudantis em Lisboa, quando militara em organizações marxistas revolucionárias junto a Amílcar Cabral, Agostinho Neto, Eduardo Mondlane, Mario de Andrade e outros menos conhecidos. Mourão sublinhava sua amizade política com o presidente marxista Agostinho Neto, e se proclamava compadre do prof. Florestan Fernandes, um dos primeiros demitidos da Universidade de São Paulo. Tudo isso visava, obviamente, limpar-se da mancha ditatorial brasileira, à qual ele "discretamente" servia qual cão fiel. Naquele jogo bifronte esquerda/direita, o "esquerdismo" de Mourão rendia dividendos à ditadura e não merecia, consequentemente, nenhuma restrição do embaixador. Análogo fato repetiu-se por ocasião do pronunciamento favorável a Mourão do governo marxista de Cuba, registrado euforicamente num dos telegramas.

3
A "Nota Oficial"
da Embaixada Brasileira em Lagos

Várias vezes se menciona, no texto dos telegramas, uma *nota oficial* que o embaixador estava preparando. Supostamente para responder às denúncias de racismo contidas em minha comunicação, e da infortunada situação das massas afro-brasileiras, mal sobrevivendo à não visível, porém implacável, opressão e intolerância de base racista, que expus aos membros do colóquio. Essa nota oficial não chegou ao conhecimento do público porque a imprensa nigeriana se recusou a cooperar nessa ignóbil operação-infâmia preparada pela nossa embaixada em Lagos. Isso aumenta a significação do seu valor documental e histórico. A nota chegou-me às mãos por via diferente daquela pela qual obtive os telegramas. Porém esse detalhe não impede que ambos os documentos, os telegramas e a nota, se complementem e nos forneçam uma visão global dos acontecimentos.

Eis o texto completo da nota oficial (os números foram inseridos por mim para facilitar ao leitor acompanhar o comentário que se registra ao fim da nota; a ênfase em palavras e frases é minha):

> A embaixada brasileira em Lagos lamenta muito os *aborrecimentos* [1] causados pelo sr. Abdias Nascimento às autoridades competentes do Festac 77, em relação ao ensaio que ele apresentou ao colóquio, o qual foi rejeitado por sua junta de seleção de trabalhos

como "não estritamente acadêmico". Em atenção a uma obrigação de hospitalidade e cortesia ao público nigeriano e aos leitores da imprensa [sic], desde que a questão foi tornada pública nos jornais nigerianos *sob os auspícios de patrocinadores de grupos estrangeiros participantes no colóquio* [2], os quais não respeitaram a decisão do Festac 77, a embaixada gentilmente solicita a atenção dos leitores da imprensa para os seguintes pontos: o sr. Abdias Nascimento nasceu efetivamente no Brasil, mas tem *vivido por mais de dez anos nos Estados Unidos* [3], onde está, *sob a cobertura de dar palestras, trabalhando como militante político com dúbios grupos* [4] engajados em protestos contra a segregação racial. Os trabalhos do sr. Abdias Nascimento nos Estados Unidos são considerados, como agora se viu na Nigéria, destituídos de valor acadêmico e reconhecidos como de uma natureza panfletária, desde que eles são *planejados, financiados e aprovados pelas organizações que os patrocinam* [5] e a seus estudos. Ninguém pode negar que, assim sendo, têm algum valor *onde a intolerância racial prevalece* [6]. As contradições do sr. Abdias Nascimento são tão gritantes que seria inócuo respondê--las. A espinha dorsal da sua monografia é o argumento de que o "melting pot" brasileiro, sua *miscigenação pelo intercasamento, a ausência de quarteirões separados para descendentes de africanos* [7], italianos, alemães, portugueses, japoneses, é um caminho sutil de destruir a raça negra; atos de integração racial, os quais o sr. Abdias do Nascimento tem a audácia de chamar "genocídio", *ofendendo 90% da população brasileira* – um feliz resultado e exemplo para o mundo –, de uma bem-sucedida mistura de todos os brasileiros, a maioria dos quais tem sangue índio, negro, europeu e asiático. *O melhor caminho para julgar o sr. Nascimento é ler seu próprio trabalho* [8]. Ele mesmo é uma contradição viva de sua tese, *desde que ele casou duas vezes – uma brasileira branca e agora, na idade de 62, ele persistentemente comete "genocídio" tendo casado com uma loura americana de dezenove anos de idade* [9]. As atividades do sr. Abdias Nascimento são conhecidas desde os dias de pré-guerra quando ele se registrou como um *membro proeminente do chamado "partido fascista" do Brasil* [10], baseado no modelo do partido nazi, um partido que defendia, como é sabido, ideias de "supremacia branca", tornando-se – e isto não teria sido de outra forma – o objeto da gargalhada do dia. Falhando de impressionar qualquer segmento da opinião pública brasileira, e *levantando sérias dúvidas entre muitos de que ele deve ser mentalmente desequilibrado* [11], o sr. Nascimento deixou o país de sua própria vontade, para propagar absurdas teorias as quais só têm repercussão onde a intolerância racial é um assunto de preocupação. Nos parece uma pena que o sr. Nascimento deixasse de entender que ele está *sendo usado como um títere bem pago* [12]. Finalmente, a embaixada brasileira está confiante que nenhum nigeriano será enganado, desde que o Brasil é conhecido em todo o mundo e transcrito por milhares de cientistas políticos e sociais como um país capaz de edificar uma civilização multirracial, onde 110 milhões de pessoas de diferentes descendências [sic] são uma lição viva para os países onde até agora isso não tem sido possível. Em duzentos anos, *ninguém jamais ouviu falar de problemas ou conflitos raciais no Brasil* [13]. O Brasil apresenta, a esse respeito, sua grande contribuição universal, como o mais genuíno, espontâneo e significativo exemplo para qualquer país realmente interessado em aprender a praticar a tolerância racial. Por muitos anos, o Brasil tem invariavelmente adotado uma consistente posição: *refutar onde quer que possa surgir, mesmo em países com os quais o Brasil mantém relações, quaisquer alegações de superioridade racial, seja ela o apartheísmo* [14] ou qualquer suspeito "ismo" com aquela conotação.

Geraldo de Heráclito Lima,
embaixador brasileiro para a Nigéria

Comentários à "Nota Oficial"

[1] Vejamos o item dos *aborrecimentos* que segundo o embaixador causei às autoridades do Festac e pelos quais diz lamentar muito. Consideremos também a outra face da questão: o lado de como os nigerianos estavam percebendo e avaliando os sucessos. São inúmeras as notas, artigos e reportagens publicadas pelos jornais expressando as apreensões e os pontos de vista da opinião pública nigeriana. Na impossibilidade, pela extensão, de transcrever toda a

matéria jornalística, transcreverei alguns trechos nos quais se pode constatar como é que o Brasil oficial estava sendo visto naquela oportunidade.

O editor de críticas do *Daily Sketch*, Segun Adelugba, a 26.1.1977, escreve à p. 5 do seu jornal:

> Aqui mesmo conosco nesta indisfarçável alegria fraternal [em termos de dança, música, drama, diversão e discurso intelectual] está uma não tão fraternalmente engajada delegação oficial do governo do Brasil dominado por brancos. [...] Há uma tonalidade implícita de amarga ironia na saga completa da rejeição do ensaio de Abdias Nascimento pelo corpo a que Pio Zirimu se referiu como *establishment*. Será que a raça negra está tão totalmente indefesa diante da onipresença branca? Ou não é estranho que a direção do colóquio não tivesse uma maneira de salvar o trabalho de um dos cérebros negros do mundo de ser destruído, de ser privado da audiência, de ser suprimido pelo oficialismo branco? [...]
>
> É importante nesta oportunidade e neste lugar assegurar aos nossos irmãos e irmãs negros de todas as partes do mundo que nosso país reconhece a grandeza de suas almas e a relevância de sua luta rumo ao objetivo de recuperar totalmente a grandeza da África, do mundo negro, e a irrestrita liberdade dos negros de todo o mundo.

Muito diferentemente do que afirma o embaixador em sua *nota oficial* repudiada pela imprensa nigeriana, que não se curvou nem às pressões políticas nem à chantagem do "poder" econômico, o trabalho que apresentei mereceu o respeito e os elogios dos *scholars* e do mundo acadêmico da Nigéria. Os jornalistas nigerianos resumiam a avaliação geral da minha tese, e Mike Ogbeide, do *Nigerian Observer*, é um bom exemplo. A 28.1.1977 escreveu Ogbeide: "Ele [A.N.] é considerado aqui por muitos *scholars* negros e africanos participantes do colóquio como um testemunho autêntico das condições dos negros neste ponto da história."

Enquanto Olalekan Ajia, da Universidade de Ibadan, em carta publicada à p. 13 do *Daily Times*, de 18.2.1977, comentou:

> Li com surpresa e crescente desilusão a resposta do coronel Ahmadu Ali à rejeição do trabalho do prof. Nascimento para o Festac. [...] Há duas coisas que se pode inferir disso: ou o colóquio pretende ser um exercício "estritamente acadêmico", sem relação com a concreta realidade sociopolítica e psicológica dos negros de toda a face da Terra, ou o honrado ministro da Educação é um alegre inconsciente de todos os objetivos do Festac. O que poderia ser mais propagação "ideológica" do que a reunião de cerca de quinze mil seres humanos para afirmar uma identidade comum, problemas comuns e idênticas aspirações? [...]
>
> Nós diariamente espumamos a boca com o branco mau que brochou de branco nossa mente coletiva há algum tempo, mas quando o prof. Nascimento traz à tona e tenta forçar-nos a olhar sobre um caso específico contemporâneo, para que possamos entrar em ação, temerosamente nos abrigamos atrás das nossas delicadas maneiras negras, nossos amáveis temores negros e nossa absoluta inanidade diplomática.

Outros irmãos africanos demonstraram sua solidariedade me escrevendo diretamente. Tal é o caso do pintor nigeriano Uzo Egom, residente na Inglaterra, de onde me enviou carta datada de 12.2.1977: "Foi um grande prazer ler o seu manuscrito, e fiquei atônito que uma tão importante informação e revelação tivesse sido ignorada pelos organizadores do colóquio do Festac. [...] Seu trabalho é uma grande luz, e agora eu vejo o Brasil em sua correta perspectiva."

Um queniano da Universidade de Nairobi, o irmão Daniel N. Sifuna, em 11.2.1977 me escreveu afirmando:

> Qualquer *scholar* digno desse nome não teria bloqueado a apresentação desse trabalho no colóquio de Lagos. Os organizadores do Festac têm ainda de vir a público e abertamente explicar ao mundo negro por que eles rejeitaram esse estudo muito acadêmico. O que você afirma foi completamente relevante para a

ocasião e qualquer um acha normalmente difícil acreditar em razões para a sua recusa. [...]

Estou particularmente emocionado com o seu trabalho, quando considero a mim próprio vivendo num país que se proclama independente enquanto o branco é ainda o senhor que dirige muitas formas de desenvolvimento. Para utilizar uma área próxima do seu campo de especialização, o drama e o teatro, neste país não tem existido um esforço direto para desenvolver o drama e o teatro africano. O chamado Teatro Nacional de Quênia é basicamente um teatro inglês edificado em 1949 para agradar as comunidades branca e asiática do país. [...] Muito obrigado por seu esclarecimento intelectual, *ndugu* [irmão em swahili].

O que resulta cristalino de toda a documentação existente sobre o episódio, tanto o registro de caráter público quanto o outro "confidencial" que ora revelamos, é que houve de fato *aborrecimentos* em Lagos: aqueles provocados pela arrogância do governo ditatorial brasileiro. Não só pressionou as autoridades do Festac e do país, como aborreceu a imprensa, utilizando-se de funcionários de firmas brasileiras como a Mendes Júnior e a Promon. A solidariedade e o apoio que recebi desmentem por completo a *nota oficial*. A solidariedade da imprensa nigeriana foi unânime, comovedora e lúcida. O *Daily Sketch* publicou em cinco partes, na íntegra, o meu trabalho rejeitado, por decisão espontânea do seu diretor-geral Felix A. Adenaike. Como se não bastasse, decidiu publicá-lo em livro, numa edição normal, já agora acrescido de um capítulo novo relatando as ocorrências registradas no colóquio.

Não menos significativa foi a repercussão internacional do incidente. O escritor português Antônio Figueiredo, em Lagos por ocasião do Festac, escreveu um longo artigo publicado no *Diário Popular* de Lisboa, a 23.2.1977. Analisando vários ângulos do episódio e do racismo que o motivou, Figueiredo demonstrou os fatores de relações comerciais implicados na rejeição do meu trabalho: "Altos interesses diplomáticos, diretamente ligados às crescentes relações brasileiro-nigerianas, levantaram-se e o prof.

Nascimento recebeu uma resposta de recusa. […] Mas que os nossos amigos brasileiros não se equivoquem acerca da validade da tese do prof. Nascimento e aprendam com a experiência portuguesa."

Nos Estados Unidos, o poeta Sterling Plumpp, professor da Universidade de Illinois, Chicago, escreveu um extenso e fundamentado ensaio crítico, estampado às p. 21-25 da revista *First World*, v. 2, n. 2, 1979.

> Tem havido muito poucos livros que arrasaram totalmente minha sensibilidade – *Crime e Castigo, Filho Nativo, O Homem Invisível, Os Deserdados da Terra, Da Próxima Vez – o Fogo, Negrinho, Os Filhos do Pai Tomás* e os *Irmãos Soledade* –, muito poucos têm me forçado a ampliar os parâmetros da minha *weltanschaung* antes que eu pudesse continuar. Agora, em *"Racial Democracy" in Brazil: Myth or Reality* Abdias do Nascimento contribui generosamente para aquele seleto corpo de trabalhos destinados a atingir profundamente os sentidos. […]
>
> O relato de como o *establishment* nigeriano deixou de aprovar sua comunicação, depois um livro, enquanto simultaneamente dava sua bendição a uma delegação de serviçais escolhidos a dedo e mandados pelo governo brasileiro, levanta uma questão muito séria a respeito da capacidade dos Estados nacionais da África para articular as preocupações do povo negro oprimido sem o receio de que seus gritos sejam interpretados pelos seus patrocinadores neocoloniais como publicidade negativa. […]
>
> A razão básica pelo fato de a Nigéria honrar um requerimento brasileiro de não reconhecer Nascimento parece ser econômica: os dois países têm ligações íntimas de negócios. Assim que esse Estado-cliente africano, normalmente livre, tomou ordens de um *boss* neocolonial e dessa forma negou ao povo negro o direito de ouvir uma voz autêntica, explicando a situação do negro no Brasil. […]
>
> Aqui também a mão feia das intenções imperialistas espalha o seu veneno sobre os desejos negros. […]
>
> Os líderes africanos devem aprender a investigar como seus parceiros de negócios tratam os africanos dentro das suas fronteiras antes de fazer negócios com eles.

[2] Abordaremos agora o tópico referente aos "auspícios de patrocinadores de grupos estrangeiros participantes do colóquio". Nessa redação intencionalmente confusa deparamos com a técnica mais desmoralizada de difamação: espalhar a suspeita de forma indiscriminada, sem identificar responsavelmente a nada nem a ninguém. Essa espécie de calúnia, com alvo anônimo e indeterminado, revela antes de tudo a consciência pusilânime e culpada do próprio difamador. Quais seriam os tais "grupos estrangeiros"? Exceto a da Nigéria, todas as demais não eram porventura delegações estrangeiras? O embaixador brasileiro não explicou a sua definição de "estrangeiro" e "não estrangeiro". Mas acrescentou que os tais "grupos estrangeiros" estavam lá "patrocinados". Por quem? O embaixador calou-se a esse respeito. Tudo permaneceu vago, misterioso. E uma tal nebulosidade nos permite supor que o agente itamaratiano estivesse apenas enfiando na cabeça a própria carapuça. Em outras palavras, ele se reconhecia, juntamente com seus associados, como um "grupo estrangeiro" dentro do colóquio. E se considerava naturalmente patrocinado pelo mesmo governo estrangeiro que patrocinou o governo "revolucionário" que ele representava na Nigéria. O patrocinador da "revolução" de 1964, todos sabemos quem foi: o governo dos Estados Unidos. E isso quem afirma não sou eu, mas quem sabe e tem autoridade: o embaixador Lincoln Gordon, que serviu no Brasil e testemunhou que seu governo forneceu apoio financeiro, militar, logístico e de inteligência ao golpe militar que derrubou o governo constitucional do presidente João Goulart e implantou a ditadura dos generais. O depoimento do sr. Lincoln Gordon à revista *Veja* foi parcialmente transcrito no *Jornal do Brasil*, de 7.3.1977, p. 13, onde tudo é contado pormenorizadamente. "O dedo da CIA" no Brasil pós-1964 foi, aliás, energicamente denunciado pelo general Nelson Werneck Sodré à p. 61 do seu livro *A Verdade Sobre o ISEB* (Avenir, 1978). Baseado nesses antecedentes, minha suposição é a de que o embaixador estivesse projetando, inconscientemente,

as implicações do seu "grupo" com a inteligência, no esforço de, turvando as águas, conseguir uma impossível imagem de quem trabalha honesta e limpamente.

[3] Em sua nota oficial o embaixador demonstrou bastante generosidade admitindo que eu realmente havia nascido no Brasil. Mas acrescentou estar eu "vivendo por mais de dez anos nos Estados Unidos", e nisso ele faltou à verdade. Saí do Brasil em fins de 1968 e o Festac ocorreu em princípios de 1977: portanto, menos de dez anos. No entanto, o que interessa não é medir a diferença de uns anos a mais ou a menos. O que interessa ressaltar é que a situação do negro não se modificou, a não ser para pior, durante os anos da minha "ausência", o que confirmei em minhas visitas ao país em 1974 e 1975. Seja dito que a estrutura de dominação racial branca mantém-se a mesma que vigora há séculos, com ligeiras alterações de superfície que não modificam o essencial. Efetivamente minha relação com o Brasil jamais sofreu solução de continuidade. Os companheiros de luta e os amigos nunca deixaram de me fornecer informações constantes do que acontecia dentro do país. Um desses amigos queridos, Efraim Bó, que a morte levou recentemente, foi quem melhor me abastecia de relatórios escritos, longos telefonemas, recortes da imprensa, cartas memoráveis, para que eu nada perdesse do fio dos acontecimentos. Sem embargo, não é a permanência no país que confere qualquer automática autoridade para alguém ir ao estrangeiro distorcer, falsificar e mentir a respeito do que sofre o povo brasileiro, de modo geral, e sobre o que vem aguentando, de modo particular, a comunidade afro-brasileira. Tanto o embaixador como seus asseclas em Lagos ofereceram um retrato completamente artificial da interação entre pretos e brancos em nosso país. Repetiram a versão convencional eurocentrista, alienada e falsa, provando que o fundamental não está na ausência ou na permanência de um decênio ou mais dentro do Brasil. Esse assunto é antes e acima de tudo um problema de caráter. Desde tal

perspectiva podemos concluir que a má-fé, agravada com a obtusidade exibida pela *gang dos seis* em Lagos, isenta seus membros de qualquer compromisso: sua desonestidade inerente os colocou à margem do tempo e do espaço...

[4] A expressão "sob a cobertura de dar palestra" revela ainda mais uma vez que o espírito difamador não respeita fronteiras nacionais. O embaixador não hesitou em investir contra a Universidade do Estado de Nova York, implicitamente classificando-a ao nível dos coiteiros, já que trabalho como um professor titular dessa instituição e toda a *gang* sabia muito bem disso. Além do mais, àquela época era um professor visitante da Universidade de Ifé, na Nigéria, que também recebeu a calúnia injuriosa do embaixador. Segundo esse diplomata, "sob a cobertura de dar palestras" ambas essas universidades nada mais faziam do que proteger um bandido da subversão racial! Convém neste ponto observar que novamente o embaixador estava apenas definindo sua própria situação. Traído pelo inconsciente, ele descrevia a situação da universidade brasileira imaginando falar da universidade norte-americana ou nigeriana. Pois o que foi que aconteceu com o sistema universitário brasileiro após a "revolução" de 1964? Ninguém esqueceu a destruição da Universidade de Brasília, nem as demissões em massa de professores e cientistas que se recusaram submeter à imposição ideológica do "sistema". Alguns dos professores remanescentes se viram compelidos a desempenhar papéis infamantes, sob a cobertura da instituição universitária, conforme documentam os fatos em Lagos: os chamados "professores" não passavam de meros informantes da embaixada brasileira, o que para dizer o menos significa espias do Serviço Nacional de Informações. A liberdade acadêmica suprimida, erigiram-se programas de "educação moral e cívica" para compulsoriamente beneficiarem o *establishment* autoritário. Sem dúvida os "profs." Fernando Mourão, Gumercindo Dorea, George Alakija e Jurandyr, com os

embaixadores Grieco e Heráclito, constituíram em Lagos uma verdadeira *gang* de beleguins capaz de fazer inveja à CIA ou à KGB. Na mesma frase que estamos examinando há ainda uma referência de que eu estaria trabalhando com "dúbios grupos". Quais seriam eles? Não se sabe, pois a técnica do embaixador é a de espalhar boato sem apresentar nenhum fundamento. Ou a implicação seria de que trabalho para a CIA? Neste caso devolvo ao embaixador a insinuação e ademais lhe recordo que o sistema educativo brasileiro passou a ter íntimas ligações com a CIA depois do golpe de 1964 e da subsequente assinatura de acordos do MEC com agências norte-americanas. O MEC e igualmente o Itamarati, já que o embaixador Manuel Pio Corrêa está citado à p. 618 do livro de Philip Agee, *Inside the Company: CIA Diary*, como um "CIA agent" (agente da CIA).

Serviços de idêntica natureza são também registrados no fato, bastante ilustrativo, de os "profs." Gumercindo Dorea e Jurandyr terem participado como delegados oficiais do colóquio de Lagos sem haverem apresentado nenhuma contribuição, escrita ou oral. A investidura de ambos se inscreveu no âmbito exclusivo da "informação" e da *pressão*, a serviço do governo ditatorial. Nunca, nem antes nem depois do Festac, esses ilustres desconhecidos do mundo afro-brasileiro prestaram qualquer contribuição à causa do negro.

[5] Há uma nota de profundo cinismo e despudor quando o diplomata afirma que meus trabalhos são "planejados, financiados e aprovados pelas organizações que os patrocinam". Novamente emerge aqui o desrespeito às universidades do Estado de Nova York e de Ifé. A esta última, principalmente, que patrocinou a publicação do meu trabalho vetado no colóquio pelas maquinações do governo ditatorial do Brasil. O que o embaixador está caracterizando nessa frase é o procedimento do autoritarismo militar em face dos trabalhos acadêmicos nas universidades brasileiras. Não tem nenhuma relação com as universidades para as quais

venho trabalhando. Estas sempre respeitaram tanto minha liberdade acadêmica de ensino e de pesquisa como minha intransferível responsabilidade em minhas definições, conclusões e outros atos criativos. Outra atmosfera muito diferente é aquela onde têm de exercer sua tarefa os professores e cientistas da universidade brasileira pós-1964. A polícia aterroriza alunos e professores, invade, cerca e fustiga instituições responsáveis, conforme exemplifica a agressão sofrida pela Universidade Católica de São Paulo, tentando impor a ferro e fogo a sua "ordem". Alguns "professores" são os executores dessa "ordem". E estes sim, tiveram efetivamente em Lagos seus trabalhos planejados, financiados, fiscalizados, elogiados e supervisionados, nos menores detalhes, pela ditadura que os patrocinou.

Quanto a mim e a minha esposa, não estávamos hospedados nos hotéis de luxo em Lagos, como era o caso da delegação oficial por conta das verbas ("confidenciais" ou não) do oficialismo; mal podíamos pagar um modesto hotel de Igbobi. Chega a ser uma cruel ironia o fato de, enquanto arcávamos com todas as dificuldades financeiras e outros obstáculos, a fim de fazer chegar a voz do negro brasileiro independente até a assembleia internacional da Nação Negro-Africana, os representantes oficiais do Brasil – brancos espertos e dóceis negros de alma branca –, refestelados no conforto governamental, só comparecerem durante uns rápidos dez ou vinte minutos ao local do colóquio para a rápida leitura de um trabalho inútil. Em seguida, com os dólares governamentais nos bolsos, os delegados oficiais que não ficaram em Lagos na "operação espionagem" desapareceram na "operação turismo". Sem dúvida, aqui temos os verdadeiros "títeres bem pagos" que nem se interessaram pelos acontecimentos do festival.

[6] "Onde a intolerância racial prevalece"? Segundo o embaixador, é nos Estados Unidos da América do Norte. Conforme a verdade emergente destes documentos, não resta a menor dúvida de que a

intolerância brasileira é mais eficaz para o supremacismo branco e mais destrutiva para a coletividade de descendência africana. Não há exagero em concluir que a violência oculta e o racismo mascarado ou sutil atuam negativamente de forma muito mais desagregadora da personalidade do negro, de seus valores, de sua cultura, de sua história e de seu futuro como um povo.

[7] Vejamos agora o item da "miscigenação pelo intercasamento", uma expressão que, aplicada à experiência negro-brasileira, não encontra o menor apoio nos fatos concretos. Intercasamento de africano e europeu, conceituado como um fenômeno normal na sociedade brasileira, significa uma distorção da realidade em favor das classes dominantes. Chega a ser mesmo uma farsa que os beleguins do eurocentrismo repetem indefinidamente para disfarçar a verdade terrível: o estupro da mulher negro-africana pelo europeu e seu descendente; até hoje se pratica a sua degradação e a cada dia se reforça a objetificação sexual da mulher negra e da mulata.

A mesma violação da mulher negro-africana se constata em todos os países onde houve a escravização dos africanos. Pasmem os miscigenistas radicais: até na própria União Sul-Africana, a pátria do *apartheid*, existem também os mulatos, ou *coloreds*, cultivados pelo governo racista minoritário como um trunfo em sua estratégia de dividir para governar. Entre nós opera-se a exaltação da mestiçagem, arianizante e compulsória, não como um valor de humanização, obliterando diferenças irredutíveis; muito pelo contrário, esse tipo de miscigenação ditado pelo branco tem constituído um engodo, hábil manobra contra a unidade do povo negro-africano, tanto na África do Sul quanto no Brasil, que também manipula a mulatização branquificadora como arma genocida contra a família afro-brasileira. Vários estudiosos dos nossos problemas, negros e brancos, têm registrado a ausência de intercasamento como um fenômeno normal e amplo entre pretos e brancos no Brasil. (Ver Guerreiro Ramos, Florestan Fernandes, Octavio Ianni etc.) A regra e a tradição têm consistido no estupro, na mancebia e na prostituição da mulher negra, com as exceções de sempre que confirmam a regra e documentam a tradição.

O mesmo pode-se dizer quanto à negativa diplomática dos "quarteirões separados para os descendentes africanos". Somente os mentirosos obsessivos são capazes de negar os *ghettos* brasileiros que aí estão para quem quiser ver, metaforicamente chamados de *favelas, mocambos, alagados, porões, invasões, conjuntos populares*, além de outras designações que não me ocorrem no momento. O fato de os definidores e promotores da "democracia racial" evitarem designar a segregação residencial pelo seu verdadeiro nome não erradica a existência concreta de uma área onde se concentra o grosso da população citadina de origem africana, sutilmente expulsa, pelo mecanismo capilar raça/economia, das áreas predominantemente ocupadas por pessoas de origem europeia. Acredito desnecessário sublinhar que as áreas residenciais dos negros carecem de higiene (água e esgoto), acesso fácil, luz elétrica, calçamento de ruas, coleta de lixo e outras amenidades que só os seres humanos desfrutam: os brancos.

[8] É uma pena que o embaixador não tivesse gasto seu esforço no sentido de oferecer condições aos membros do colóquio para a concretização de sua própria frase: "O melhor caminho para julgar o sr. Nascimento é ler seu próprio trabalho." Por que então maquinar tanto para conseguir a rejeição daquilo que seria a melhor prova contra mim? Estranho raciocínio tem esse embaixador...

[9] Há na *nota* um trecho comentando, aliás impertinentemente, que me casei duas vezes com brancas, uma brasileira, e que agora, na idade de 62, persistentemente cometo "genocídio" me casando com uma "loura americana de dezenove anos de idade". A forma grosseira como se pretende distorcer minha posição diante da mistura de raças não merece nem reparos: é do conhecimento

público que condeno, sim, a miscigenação na forma compulsória, hipócrita e sutil (nem tanto!) conforme ela tem sido evangelizada e praticada no Brasil. Para "melhorar a raça" e proteger seus filhos, os negros são compelidos a tê-los com pessoas de pele mais clara. A *gang dos 6*, redatora coletiva da *nota oficial*, tenta armar uma ridícula comédia a respeito dos meus matrimônios, presente e passado, e nisso eles se mostram numa dimensão que interessaria muito a Freud. Os "professores" e os embaixadores desvelam seus traseiros nesse episódio que ainda revela o profundo distúrbio psíquico e a frustração de base sexual que os atormentam. Chegam ao limite onanístico de esmiuçar a origem étnica das mulheres que comigo se casaram, e até à comparação da minha idade com a idade de uma delas! (Incidentalmente: minha esposa atual, americana, é branca e não loura; à época do colóquio tinha 24 anos de idade, e não dezenove.) A manifesta impotência conduz a *gang* ainda mais longe: a identificar-se plenamente com as técnicas e os processos utilizados pelo FBI (Federal Bureau of Investigation), dos Estados Unidos. A intromissão do FBI na vida particular de Martin Luther King Jr. tornou-se uma das revelações sensacionais alguns anos depois do seu assassínio. O FBI escrevia cartas anônimas endereçadas à sra. Luther King delatando imaginárias amantes de seu marido, no intuito racista de provocar dificuldades, que não conseguiu, na relação matrimonial daqueles bravos lutadores pelos direitos civis e humanos dos negros daquele país. O mesmo ocorreu com os movimentos dos Panteras Negras e US[4]. Documentos anônimos e apócrifos redigidos pelo FBI eram enviados aos membros de ambas as organizações, intrigando, instigando a animosidade entre eles. Até que por fim os militantes de uma e outra corrente se confrontaram, trocaram tiros, com um feliz resultado para o FBI: alguns militantes tombaram para sempre, ensanguentando o chão de Los Angeles. Outra tática do FBI e da CIA (Central Intelligence Agency) tem sido a utilização da imprensa no sentido de destruir a reputação e a credibilidade de personalidades não gratas aos desígnios dessas instituições. A CIA tem ganhado notoriedade por sua intromissão na privacidade de casais. O citado Philip Agee, ex-agente da espionagem norte-americana, conta no seu livro vários exemplos dessa prática da CIA. Levando em conta esse contexto, chegamos fácil à confirmação de que, não só no plano do "milagre econômico" e de sua expansão industrial-imperialista na África, o Brasil segue o modelo norte-americano. Demonstra ser também um hábil praticante das lições da CIA e dos exemplos do FBI. Embora seja de estranhar que os membros da *gang* não tivessem incluído na *nota* outro dos meus casamentos: aquele com Léa Garcia, mãe dos nossos filhos Henrique-Christóvão e Abdias Filho (Bida). Léa Garcia é a excelente atriz negra conhecida do público de teatro, cinema e televisão; e igual que nossos filhos, ela é uma pessoa consciente da nossa situação racial e por isso mesmo comprometida com o esforço coletivo de liberação total da raça negra. Com relação à minha atual esposa, Elisa, a própria *gang* teve oportunidade de testemunhar em Lagos que sua condição de branca não se constituiu em qualquer impedimento à sua ativa participação nos trabalhos em favor dos povos negro-africanos realizados no colóquio. Ela não foi uma testemunha passiva e exercitou sua qualidade de *observadora* para atuar sempre que necessário. Como militantes antirracistas, inimigas do supremacismo branco-eurocentrista, não há diferença entre minha atual esposa, branca, e minha ex-esposa, negra: ambas se irmanam, acima de suas próprias origens étnicas, na conquista de um mundo de verdadeira igualdade, dignidade, liberdade e justiça para os povos negros e para todos os seres humanos ainda sofrendo opressão ou qualquer forma de destituição.

[10] Acusa-me a *nota* de haver sido um membro proeminente do chamado "partido fascista" do Brasil, dando continuidade ao seu desenho de infâmia difusa em meias-verdades. A *gang dos 6* deixou de mencionar aspectos básicos: na verdade inscrevi-me

FIG. 4: Léa Garcia e Abdias Nascimento com os filhos, Abdias Filho (no colo da mãe) e Henrique Christóvão (Rio de Janeiro, 1956).

no integralismo, mas sem nenhuma proeminência, quando tinha apenas dezenove anos de idade e dele me afastei depois de quatro anos de militância em suas fileiras. Entrei naquele movimento nacionalista para lutar com ele contra o capitalismo burguês e o imperialismo, ambos responsáveis pela desgraça dos povos negro--africanos. As linhas ideológicas não tinham, naquela época, para a fácil compreensão do povo, as fronteiras ideológicas nítidas entre direita e esquerda. Não havia a informação que se tem hoje. Porém aquela confusão teórica não impediu que, quando a Itália fascista invadiu a Etiópia (1935), eu organizasse, ao lado de outros irmãos negros como Sebastião Rodrigues Alves e Aguinaldo Camargo, protestos públicos coletivos da gente negra de São Paulo. Se éramos integralistas, indubitavelmente não éramos fascistas, aos quais combatemos dentro das nossas possibilidades. Não devemos ainda esquecer que a agressão imperialista de Mussolini à África só foi possível devido ao apoio material que recebeu da União Soviética[5].

Quando e por que rompi com o integralismo e abandonei aquele movimento político? Foi no momento em que, em suas fileiras, me deparei com racistas iguais a Gumercindo Dorea. Mais ou menos por esse tempo eu estava pagando uma honrosa condenação recebida do famigerado Tribunal de Segurança Nacional, e cumprida na penitenciária da rua Frei Caneca, pelo "crime" de protestar, junto a outros jovens e bravos companheiros, contra a ditadura que Getúlio Vargas implantou em 1937. Enquanto eu deixava a Ação Integralista Brasileira, e esse movimento se dissolvia por imposição do Estado Novo, Gumercindo Dorea abrigava-se debaixo da penugem das Águias Brancas e sob a bandeira do Partido de Representação Popular, ambos sucessores do integralismo. Em verdade não importava muito a Gumercindo Dorea a coloração exterior: verde ou branca, o que ele perseguia era sua consistente posição nazifascista de informante. Outros integralistas do meu tempo, egressos da organização, atualmente são colegas do embaixador que assina a infâmia contra mim: os embaixadores Lauro Escorel e Sérgio Corrêa da Costa, e igualmente o falecido embaixador Jaime Azevedo Rodrigues, resignante da carreira diplomática a fim de não se submeter ao golpe de 1964. O fato de haver sido integralista não me desonra, como não desonra a dom Hélder Câmara, Roland Corbisier, Rômulo de Almeida, Gerardo Mello Mourão, Sebastião Rodrigues Alves, Francisco de Almeida Sales, Geraldo Campos Oliveira, Gofredo da Silva Teles, Santiago Dantas e muitos outros que conheci naquela época, os quais vêm dando ou deram notável contribuição ao povo deste país, num sentido progressista e antiditatorial. Entretanto é fácil verificar a irredutibilidade de certas vocações, não importa a flexibilidade com que se adaptam a qualquer tipo de ditadura...

[11] Levantam a dúvida de que eu seja "mentalmente desequilibrado", e isso nos lembra que na *gang* um deles é o psiquiatra dr. George Alakija. Vale a pena conhecer a inócua monografia "sofrológica" que ele apresentou ao colóquio para se avaliar de sua competência profissional. Antes de continuar no tema do dr. Alakija, quero assinalar que a *nota*, recorrendo ao subterfúgio fácil de levantar suspeitas sem comprovante, tem o fito de obnubilar a responsabilidade, da qual se evadiram os delegados oficiais de responderem às denúncias documentadas que fiz em *O Genocídio do Negro Brasileiro*. Disso não foram capazes. Quanto ao "desequilíbrio mental", basta a leitura dos telegramas e da *nota oficial* para que se tenha claramente exposto o ponto focal do "desequilíbrio", tarefa que deixo a cargo dos leitores.

A personalidade do dr. George Alakija não tem nenhuma importância em si mesma. Só gastamos a nossa atenção com ela, na medida em que o dr. Alakija se intromete em assunto tão importante do mundo negro como aquele do II Festival Mundial das Artes Negras, realizado em Lagos. É pertinente, assim, transcrever o autorretrato que desenhou de si mesmo o dr. Alakija, no prefácio que escreveu no livro *Cantos, Encantos e Desencantos d'Alma*, de Antônio Vieira:

> Não sou crítico, não sou poeta, não sou artista. Sou modesto psiquiatra perdido numa imensa floresta de experiência clínica, acontecimentos psicodinâmicos, neurofisiológicos e muita coisa complicada que já deu margem ao nascimento de uma ciência: parapsicologia.
>
> Não compreendo portanto o porquê do Antônio Vieira solicitar escrevesse eu algumas palavras. É verdade que sou, atualmente, o representante permanente do governo brasileiro para o II Festival Mundial de Arte e Cultura Negra, a ser realizado na Nigéria, mas a escolha da minha pessoa se deve mais à minha descendência direta de tradicionais raízes nigerianas com as quais sempre mantive contato, não perdendo o relacionamento com a minha família, com as minhas origens. [...]
>
> [Antônio Vieira] prefere exaltar as belezas do ébano sem macular a alvura do marfim.

Aqui registra-se, como única credencial para a escolha do dr. Alakija representar permanentemente o governo brasileiro junto ao Festac, um argumento de natureza familial. Nenhum trabalho artístico ou cultural, referente ao negro-africano, consta de sua documentação pregressa. O fato alegado de suas raízes nigerianas poderia em igualdade de condições ser invocado por milhões de afro-brasileiros. Por que, então, recaiu a escolha no dr. Alakija, o qual não é crítico, não é poeta, não é artista, não é nada, enfim? Ah, esquecíamos de que se trata de um psiquiatra. Foi nessa qualidade que o dr. Alakija apresentou ao colóquio uma tese intitulada *O Estado do Transe no Candomblé*. Essa suposta tese científica ou acadêmica não passa de uma pobre e monótona incursão nos domínios culturalmente tão ricos e sugestivos das religiões afro-brasileiras. Utilizando-se das categorias de uma, segundo o dr. Alakija, nova ciência europeia chamada *sofrologia*, o psiquiatra baiano organizou uma tabela estabelecendo vários quesitos destinados a um inquérito entre dez "cavalos" de candomblé e cinco "médiuns" do espiritismo kardecista. O objetivo seria investigar se os sacerdotes eram tipos patológicos, mistificadores ou pessoas normais. As quinze pessoas, conforme o exame científico do dr. Alakija, se provaram rigorosamente iguais, conforme a tabela, no que dizia respeito a: "nível de inteligência, baixo"; "conhecimento geral, pobre"; "comportamento, normal"; "atenção e concentração, satisfatório", e assim por diante. A conclusão a que chegou o dr. Alakija foi a de que "não pode ser classificado nem como ordinário nem como patológico" o transe espiritual... E essa inutilidade, destituída de valor em qualquer sentido, enviaram ao colóquio rotulada de contribuição científica! Estou convencido de que tal farsa só teve uma finalidade: o oficialismo branquicefálico quis desacreditar a capacidade do negro brasileiro aos olhos do mundo negro-africano. Não se compreende como é que o único negro a apresentar um trabalho científico ao colóquio só tenha conseguido o polido desdém dos participantes do seminário...

[12] "Títere bem pago" ou problema freudiano de *projeção*? Não creio que alguém necessite de provas mais definitivas do que o próprio texto dos telegramas e da *nota*, para se convencer de quem está cumprindo ordens e atuando semelhante às marionetes. Uma *gang* de títeres ou *robôs* que não trepidou na execução de um plano de distorções torpes que atinge cerca de oitenta milhões de afro-brasileiros impiedosamente lancetados pelo racismo mais cruel. Assumir o papel de porta-voz dos sofrimentos dos meus irmãos de raça é algo bem diferente de títere bem pago. Não resta dúvida de que este é precisamente o caso do embaixador dos negócios em Lagos e seus associados.

Se a *gang dos 6* não se tivesse revelado tão completamente obtusa em matéria de relações de raça em nosso país, eu poderia lhe recomendar a leitura de algumas publicações afro-brasileiras que talvez ajudassem a elevar um pouco o seu nível de conhecimento a respeito. Indicaria, por exemplo, a revista *Tição*, publicada pelo grupo Palmares, de Porto Alegre; o *Jornegro* e os *Cadernos Negros*, ambos editados em São Paulo; o *Sinba* e a *Força Negra*, do Rio de Janeiro. Especialmente recomendaria a leitura da novela do poeta Oswaldo Camargo, *A Descoberta do Frio*. Nessa obra o ficcionista utiliza-se do frio materializando uma personagem terrível: o elemento atmosférico funciona como um instrumento mortal do racismo. O frio atinge os negros interiormente, simultaneamente toma conta do seu corpo, dominando-o por dentro e por fora. E, por via da ação do frio, os negros vão desaparecendo, individual e coletivamente, até não restar nenhum deles. Eis a solução brasileira da nossa questão racial de quase quinhentos anos! Aliás, a função genocida do frio em nossa história tem sido desempenhada por racistas daquele comportamento que se viu em Lagos. Os componentes da *gang* são projeções do *frio* camarguiano sob o quente céu da Nigéria. Mas no fim das contas estou certo de que a inanição mental os impossibilita de aproveitar os ensinamentos de uma novela tão significativa das formas atuais assumidas pela antiga luta de liberdade dos africanos no Brasil.

[13] Outro trecho da *nota oficial* diz que "ninguém jamais ouviu falar de problemas ou conflitos raciais no Brasil". Pudera! Com tais métodos de silenciamento do negro, tem sido realmente difícil se ouvir falar desses problemas no exterior. Mas o silêncio sobre eles não é radicalmente absoluto, pelo menos dentro das fronteiras do país. Basta conhecer as obras de escritores e cientistas tais como Guerreiro Ramos, Álvaro Bomilcar, Arthur Ramos, no passado recente; evocar as pesquisas patrocinadas pela Unesco e realizadas por Roger Bastide, Florestan Fernandes, Charles Wagley, Thales Azevedo; ler os trabalhos de Fernando Henrique Cardoso, Anani Dzidzienyo, Octavio Ianni, Vioti da Costa, Carlos Hasenbalg, Lélia González, Clóvis Moura, Beatriz Nascimento, Eduardo de Oliveira e Oliveira, Teófilo Queiroz Júnior, Thomas Skidmore, Angela Gilliam, Michael Turner, Michael Mitchell e muitos outros, para

avaliar até que ponto a *gang* de professores não hesita falsear a documentação científica de nossa realidade social. Além do conteúdo da obra dos autores citados, a *gang* ignora os movimentos sociais, artísticos e culturais há longo tempo fundados e desenvolvidos pelos afro-brasileiros como exemplificam a Frente Negra Brasileira, na década de 1930, o Teatro Experimental do Negro (TEN, de 1944 a 1968), o I Congresso do Negro Brasileiro (1950), a Convenção Nacional do Negro (1945-1946), o Comitê Democrático Afro-Brasileiro (1945) etc. Só num ponto a *nota* foi acurada: nunca antes ninguém jamais ouviu um negro brasileiro discutir os problemas raciais do seu país num congresso internacional com tamanha repercussão. As outras poucas oportunidades foram no VI Congresso Pan-Africano, em Dar-es-Salaam (1974), no Seminário sobre Alternativas Africanas, Dacar (1976), no I Congresso da Cultura Negra das Américas, Cali (1977) e no II Congresso de Cultura Negra, Panamá (1980), ocasiões nas quais pude apresentar a situação afro-brasileira. Por causa da permanente condição de penúria imposta pelo racismo, os negros quase não têm a oportunidade de aprender línguas estrangeiras, particularmente o francês e o inglês falados nos encontros internacionais; porém a isso devemos acrescentar outros fatores negativos: falta de contatos e de informações, repressão, censura e outras restrições governamentais, para que se possa compreender porque, exatamente, quase não se ouve falar de problemas raciais do Brasil no estrangeiro. Em geral são os brancos que têm falado indevidamente em nosso nome e reforçado, conforme a tentativa fracassada de Lagos, o mito de "democracia racial". Esse mito luso-tropical-brasileiro é um mito morto cujos efeitos retardados continuam atingindo negativamente a população negra. Tanto isso é verdade, que ainda agora tem sido possível, num país de maioria de origem africana e edificado por africanos, enviar à África "professores" brancos para enxovalhar os negros com afirmações mentirosas e difamatórias! Nem os Estados Unidos foram tão longe em matéria de repressão racista.

[14] A *nota* menciona o *apartheísmo*, sinônimo de União Sul-Africana. Qual seria a diferença entre o Brasil e a África do Sul? Uma diferença só de aparência ou de tática. A África do Sul explicita claramente sua política de superioridade racial branca, enquanto o Brasil branco preferiu um caminho mais curto e direto: age com uma consciência de superioridade racial. Basta verificar os laços íntimos que o Brasil manteve (e mantém) com a União Sul-Africana durante todo o processo de descolonização da África, a ponto de contribuir para a gestação, ao lado da Argentina e do Chile de Pinochet, de um Tratado do Atlântico Sul, inspirado no Tratado do Atlântico Norte, cuja missão seria a de garantir pela força a hegemonia da raça branca e do imperialismo ocidental naquela área geográfica africana.

Outra diferença: o racismo aberto, frontal e legalizado da União Sul-Africana permite ao negro-africano tomar consciência de sua opressão e lutar contra os obstáculos da máquina policial militar objetivando sua libertação. Enquanto no Brasil o covarde, dissimulado e traiçoeiro racismo do "amigo" paternalizador, do benevolente herdeiro do senhor de engenho, opera através da lavagem cerebral (educação, meios de comunicação, instituições culturais etc.), uma espécie de domesticação que visa exonerar o negro da mínima autodefesa, principalmente do necessário e saudável sentimento de revolta. O racismo brasileiro, entre outros instrumentos ofensivos, utiliza a aniquilação psíquica do negro, a ausência ou dificuldade de emprego (ainda que inferior), o constante cerco policial, assim como a destruição silenciosa pela fome; com tais recursos tem evitado o uso declarado de medidas legais que institucionalizariam uma luta ostensiva e frontal contra o negro consciente e insubmisso.

4

Outras Considerações

Em minha contribuição ao I Congresso da Cultura Negra das Américas, promovi um exame da política externa brasileira na parte que se referia ao processo de descolonização dos territórios africanos sob o domínio português. Estes são atualmente os países independentes de Moçambique, Angola e Guiné-Bissau. Minha análise está incluída como o capítulo 4 do meu livro *Quilombismo: Documentos de uma Militância Pan-Africanista*, e o leitor ficará surpreso com a insensibilidade do Brasil oficial diante da matança que o salazarismo perpetrava na África. As tentativas das Nações Unidas de frear os crimes genocidas do colonialismo português jamais contaram com o apoio do voto do Brasil. Esse é o testemunho histórico da "consistente posição do Brasil", da qual tanto se envaidece em sua *nota oficial* o embaixador Heráclito. Nosso país sempre se comportou como um anticolonialista só de retórica; em contrapartida, mostrou-se um contumaz aliado do imperialismo nas questões concretas que a assembleia da ONU devia decidir por votação. O embaixador em Lagos diz em sua *nota* que eu estaria "ofendendo 90% da população brasileira – um feliz resultado e exemplo para o mundo – de uma bem-sucedida mistura de todos os brasileiros...", deixando que o leitor deduza a existência, no país, de 10% de negros (ou de brancos?) em nossa composição

FIG. 5: Abdias Nascimento discursa durante os debates do I Congresso de Cultura Negra das Américas (Cali, Colômbia, ago. 1977).

demográfica. Tal dedução representa um sensível avanço numérico dos negros em relação ao que é admitido em *Brazil 66*, publicação oficial em inglês do Ministério do Exterior. Livro destinado a dar aos estrangeiros a imagem do nosso país, à p. 125 registra as características da população brasileira: "*Cor* – A maioria da população brasileira é composta de brancos, sendo diminuta a percentagem de pessoas de sangue misto."

Nenhuma palavra ou referência sobre os negros. Para os olhos alvos e branquicefálicos do Itamarati, até mesmo os 10% admitidos pelo embaixador Heráclito são invisíveis ou inexistentes! E isso nos leva a acreditar que, se a *nota* de Lagos se endereçasse a um país de população branca, aqueles 10% também teriam desaparecido...

O genocídio que se pratica contra os negros no Brasil segue vários caminhos: tem aquele da morte direta pela fome, pela doença ou pela ação da polícia; tem o genocídio através da supressão das

FIG. 6: Abdias Nascimento e sua esposa Elisa em Bissau, capital da Guiné-Bissau, em 1976.

línguas africanas, da negação da história, da cultura e das religiões trazidas pelos africanos escravizados; há o genocídio ideológico fundado na supressão das informações demográficas a serviço de elaborações falsificadas como testemunham o *Brazil 66* e a *nota oficial* de Lagos. A simplificação escamoteadora do Itamarati é mais um serviço à política racial predominante – ou seja, o supremacismo branco. E o Itamarati está orquestrado a outras agências do oficialismo, exemplificadas pelo IBGE (Instituto Brasileiro de Geografia e Estatística), o qual, após o censo de 1950, deixou de mencionar, nos cômputos demográficos, o item cor ou a origem racial dos recenseados. Como então será possível articular-se, cientificamente, sem tal informação básica, o conhecimento da composição étnica do povo brasileiro? Isso não interessa ao oficialismo. Pois quanto mais confusão e obscurantismo, melhor aos seus desígnios eurocentristas. Mas que esses *boys* oficiais, sejam diplomatas ou "professores" universitários, não se equivoquem com sua autoqualificação: é lícito que se intitulem propagandistas da ideologia racial dominante, mas não devem se atrever a ponto de se arrogarem *scholars*, pesquisadores entendidos da realidade afro-brasileira. Para isso lhes faltam credenciais. Inclusive carecem da preliminar e indispensável integridade ética, conforme testificam os documentos que ora estamos divulgando.

Os telegramas aludem frequentemente, com irreprimível euforia, à ausência de caráter político ou/e ideológico no colóquio, citando o exemplo da *negritude*, sem receptividade no plenário. Porém, muito convenientemente, não se menciona nas mensagens do embaixador a arrogante política da *whititude* (ou branquitude) que ele e seus asseclas praticavam nos bastidores do oficialismo. E de tal forma que fez transbordar a indignação dos nigerianos preocupados com o êxito do festival. Na edição de janeiro de 1977, a revista *Afriscope*, editada em Lagos, à p. 14, publica de Biodum Jeiyfo, da Universidade de Ibadan, o seguinte a respeito do episódio que tanto agitou a organização do colóquio: "O futuro da cultura africana é inseparável do futuro da política africana. Devemos necessariamente proceder sempre da implícita compreensão que cultura e política estão inseparáveis e dialeticamente relacionadas."

Numa resposta direta a esses patronos de uma concepção de cultura africana imobilizada e folclorizada que o Brasil lá exemplificava, Jeiyfo advertia que devíamos evitar a direção de uma cultura africana que "deriva de conceitos de cultura que reduzem seu escopo a um elenco de hábitos, vestimentas, artes visuais, plástica e oral. Mais ainda, essa concepção profere uma estática, inerte e estéril visão da cultura."

Dessa forma se pode constatar que as imposturas do Brasil a respeito da intromissão política e/ou ideológica que teria motivado a rejeição do meu trabalho não ficaram sem resposta. Note-se que o argumento da ideologia ou da política, na entrevista que sobre o assunto dera o coronel Ali, já mencionada anteriormente, foi proferido em termos gerais e não aplicado especificamente ao meu caso. Mas os beleguins da ditadura, ávidos e açodadamente, trataram de aplicá-lo a mim como se fosse um julgamento definitivo e inapelável. O retrato do Brasil como um país inescrupuloso, que pressiona desrespeitosamente as instituições africanas, foi reforçado pelo famoso escritor nigeriano Wole Soyinka. Ele demitiu-se da função de consultor do Secretariado Internacional do Festac por discordar dessa política de exclusão pela força. Em entrevista à *Afriscope* de janeiro, p. 38, Soyinka denuncia:

> Repito – a lista inteira proposta pela divisão do colóquio foi rejeitada por causa da inclusão de um, dois ou três nomes para os quais alguns governos têm objeções. O assunto é mesmo pior – certos indivíduos no Secretariado Internacional têm tido sucesso em lutar contra a inclusão de *scholars* e artistas internacionalmente reconhecidos, alguns deles militantes da causa negra, sob o fundamento de que uma forma particular de sua longa vida de militância não é do gosto dos governos que tais objetores representam.
>
> Até o último dia do festival reconheço a necessidade de contrariar as maquinações daqueles nigerianos que traem o mandato do seu próprio povo, e daquelas nacionalidades irmãs loucas por intriga, que abusam da hospitalidade do presente governo desfalcando o festival em talentos e produtos.

O recado de Wole Soyinka foi claro, direto e certeiro na direção dos agentes do governo ditatorial brasileiro dentro do Festac. Como também alcança as personalidades que sucumbiram a esse tipo de manobra, cujo exemplar maior é o reverendo Mveng, dos Camarões. Este, na qualidade de relator-geral do colóquio, arquitetou as resoluções finais do simpósio de forma tão arbitrária e artificial, que nenhuma ou quase nenhuma relação mantiveram com aquilo que se discutiu e aprovou na assembleia geral. Constituiu, sem dúvida, uma traição fundamental ao esforço de todos aqueles africanos que se reuniram em Lagos cheios de boa vontade e

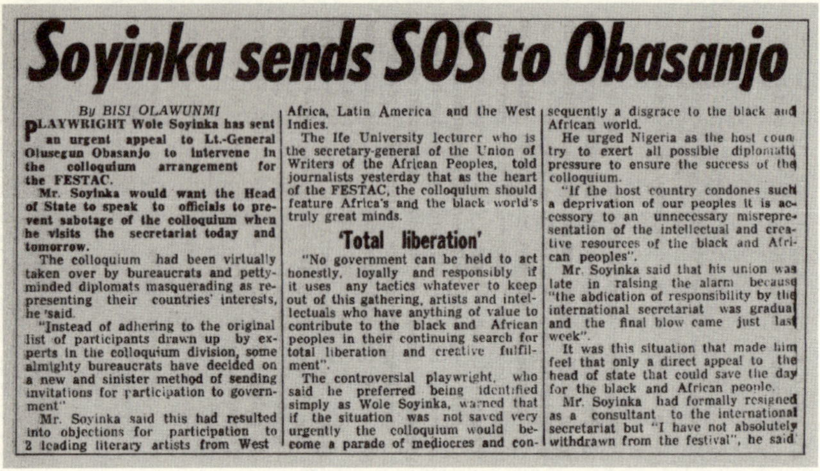

Soyinka sends SOS to Obasanjo

By BISI OLAWUNMI

PLAYWRIGHT Wole Soyinka has sent an urgent appeal to Lt.-General Olusegun Obasanjo to intervene in the colloquium arrangement for the FESTAC.

Mr. Soyinka would want the Head of State to speak to officials to prevent sabotage of the colloquium when he visits the secretariat today and tomorrow.

The colloquium had been virtually taken over by bureaucrats and petty-minded diplomats masquerading as representing their countries' interests, he 'said.

"Instead of adhering to the original list of participants drawn up by experts in the colloquium division, some almighty bureaucrats have decided on a new and sinister method of sending invitations for participation to government"

Mr. Soyinka said this had resulted into objections for participation to 2 leading literary artists from West Africa, Latin America and the West Indies.

The Ife University lecturer who is the secretary-general of the Union of Writers of the African Peoples, told journalists yesterday that as the heart of the FESTAC, the colloquium should feature Africa's and the black world's truly great minds.

'Total liberation'

"No government can be held to act honestly, loyally and responsibly if it uses any tactics whatever to keep out of this gathering, artists and intellectuals who have anything of value to contribute to the black and African peoples in their continuing search for total liberation and creative fulfilment".

The controversial playwright, who said he preferred being identified simply as Wole Soyinka, warned that if the situation was not saved very urgently the colloquium would become a parade of mediocres and consequently a disgrace to the black and African world.

He urged Nigeria as the host country to exert all possible diplomatic pressure to ensure the success of the colloquium.

"If the host country condones such a deprivation of our peoples it is accessory to an unnecessary misrepresentation of the intellectual and creative resources of the black and African peoples".

Mr. Soyinka said that his union was late in raising the alarm because "the abdication of responsibility by the international secretariat was gradual and the final blow came just last week".

It was this situation that made him feel that only a direct appeal to the head of state that could save the day for the black and African people.

Mr. Soyinka had formally resigned as a consultant to the international secretariat but "I have not absolutely withdrawn from the festival", he said.

FIG. 7 (*acima*): *Daily Times*, Lagos, 30 de dezembro de 1976.
FIG. 8 (*ao lado*): *Sunday Times*, Lagos, 23 de janeiro de 1977.

esperança num trabalho coletivo fecundo em prol do futuro dos povos negro-africanos. Esse triste e lamentável episódio, ocorrido na sessão final de encerramento do colóquio, acha-se muito bem focalizado em *Pan-Africanismo na América do Sul: Emergência de uma Rebelião Negra*, de Elisa Larkin Nascimento.

Outro ponto da minha denúncia que provavelmente tenha contribuído para aumentar a violência desencadeada contra mim foi aquele da penetração econômica neocolonialista da indústria brasileira na África, particularmente na Nigéria. A mesma indústria que discrimina o negro como trabalhador qualificado, utiliza expressões estéticas e lúdicas da cultura afro-brasileira como uma espécie de passaporte às suas incursões lucrativas no continente africano. Entrevistas de cunho folclórico como a de Olga do Alaketo ao *Sunday Times*, de 30.1.1977, p. 12 e 13, tornam-se cabeça de ponte e complementam a imagem de um Pelé, que de negro só tem a pele, pois não se registrou nunca um compromisso seu com as lutas da família afro-brasileira. É nesse jogo de imagens

Colloquium panel rejects paper

PROFESSOR EXPLODES

By **ACHIKE CHUKS OKAFO**

A BRAZILIAN black, Professor Abdias Do Nascimento, has accused the organisers of the Festival Colloquium for the manner in which papers for presentation were selected.

The Professor of Black Arts was refused a place as an official participant at the Colloquium and his paper titled: "Racial Democracy in Brazil: Myth or Reality?" rejected.

A letter to this effect, addressed to him by the former director of Colloquium, the late Professor Zirimu reads: "I have only a confession of failure to report. I haven't been able to get your paper accepted by the establishment...... I

■ PROF. NASCIMENTO

black people in Brazil.
He told me that the reaction of the committee on Colloquium to his paper was revolting and has come to him as a great surprise.
"Where else" he asked, "should be the appropriate forum to bring to (Continued on **page 3?**)

● SEE CENTRE PAGES FOR MORE FESTAC STORIES AND PICTURES.

still hope that the forces of history will work, continue to work to bring to light what you so clearly say in your paper. I also hope you will attend the colloquium as an ordinary person."

In an interview with the SUNDAY TIMES, Professor Nascimento expressed doubt at the sense of purpose and sincerity of members of the FESTAC committee on Colloquium in denying a black, even on the African soil, an opportunity to reveal what he described as the sordid plight of folclóricas e futebolísticas que se procura confirmar a existência de uma "democracia racial" capaz de fornecer o aval à tomada dos mercados africanos pelos produtos automotores, de telecomunicações e outros.

Pelos serviços prestados à consolidação desse tipo de cultura afro-brasileira de exportação, Olga do Alaketo ganhou comenda do presidente Geisel, tornou-se "objeto de consumo do poder", na expressão de Rubem Confete, que ainda acrescenta, em artigo publicado em *Lampião*, n. 18, nov. 1979, p. 13.

> E Olga de Alaketo, nestes quinze anos de regime, foi usada pelo Poder para marear a tão decantada democracia racial brasileira. [...]
> O deslumbramento de Olga pelo reconhecimento do Poder público tem levado a ialorixá ao mais alto grau de submissão. Esta submissão ganha novos matizes, quando alcança as manchetes dos jornais de maior importância no Brasil e se torna objeto de gozação pejorativa da raça negra.

O processo de tornar em imagens ridículas os nossos sacerdotes das religiões afro-brasileiras vem desde 1966, por ocasião do I Festival Mundial das Artes Negras, em Dacar. O Ministério de Relações Exteriores, que patrocinou sua viagem ao Senegal, encomendou a Olga de Alaketo o preparo de um jantar afro-brasileiro para cerca de trezentos convidados. A função de preparar comidas nada tem de degradante, mas é sintomático do nível de prestígio e *status* que o Itamarati concede a uma sacerdotisa negra. E a imagem da ialorixá cozinheira mostra quanto a estratificação do estereótipo é forte e capaz de atravessar os séculos. Não significa apenas um eco do passado a frase cunhada por Sílvio Romero: "Nós temos a África em nossas cozinhas, América em nossas selvas, e Europa em nossas salas de visitas."

Olga de Alaketo é testemunho vivo de que nada mudou. Numa reportagem de Carlos Heitor Cony, *Manchete*, n. 1.434, 13.10.1979,

p. 3, é narrado o almoço feito por Olga de Alaketo e oferecido pelo governador da Bahia, Antônio Carlos Magalhães, ao presidente João Figueiredo. Olga de Alaketo contou feliz a Cony: "Havia lá no palácio bastante comida, de variada procedência, dava para um batalhão. Mas quando o presidente viu os meus pratos largou tudo e entrou firme no vatapá e na frigideira."

Aqui temos o retrato fiel da "democracia racial" sonhada pelas classes dominantes e pelo segmento dirigente representado pelo Itamarati: o negro dócil e/ou a mulher negra ingênua, a ponto de manifestar alegre felicidade pelo fato de ter feito a comida para o chefe de um governo situado no lado oposto a todas as aspirações e necessidades da maioria do povo brasileiro e dos negros deste país...

5
Para Terminar

A resistência e a autodefesa do povo afro-brasileiro contra as agressões à sua pessoa física e moral, antes de significar um direito inalienável a ser exercido em toda a sua plenitude, é uma responsabilidade que devemos assumir sob o risco de quaisquer sacrifícios. Mesmo o sacrifício que nos obriga a lidar com matéria destinada ao esgoto no qual se originou. Pois disso se trata neste depoimento: de vermes e dejetos fecais (e oficiais) em atuação transatlântica. De qualquer maneira não passou de um ledo equívoco do Itamarati supor que o meu silenciamento equivaleria à solução da denúncia racista, tanto no interior do país quanto no exterior. A repressão individual a mim ou a qualquer outro homem negro ou mulher negra pode retardar, mas não deter a marcha coletiva atual dos afro-brasileiros rumo à conquista dos seus direitos a liberdade, dignidade, identidade, honra, segurança e bem-estar. São várias as organizações mobilizadas nesse sentido, e vou citar algumas delas como exemplo: o Movimento Negro Unificado Contra o Racismo e a Discriminação Racial, o Instituto de Pesquisa das Culturas Negras, a Escola de Samba Quilombo, a Sociedade de Intercâmbio Brasil-África, o Grupo Males e o Grupo Palmares, da Bahia, o Grupo Palmares, de Porto Alegre, o Movimento Quilombista etc. O Brasil branco de agora em diante não vai poder ignorar, como até agora tem ocorrido, a força social e política dessa maioria de ascendência africana: terá de tratar com ela em pé de igualdade democrática. Com isso queremos dizer que os negros recusam os *ghettos* das cozinhas das classes dominantes brancas e estão ocupando, vão ocupar, todo o espaço geográfico deste país que eles construíram: salas, quartos, cozinha, quintal...

O que quero reafirmar é que a experiência de um negro não se restringe a uma dimensão de pura subjetividade intransitiva. Muito pelo contrário, a experiência pessoal do negro registra-se como um fenômeno sociocultural que abrange a inteira coletividade oprimida, vítima de diversas destituições de elementos básicos à sua sobrevivência como povo. São essas algumas das razões que me decidiram a fazer este depoimento. Acredito que o conhecimento dos pormenores desse meu sítio em Lagos sirva para alertar os afro--brasileiros engajados na luta libertária comum para as armadilhas do racismo institucional, estendidas sigilosa e hipocritamente no caminho de todos nós, os que não nos submetemos aos seus ditames. E, por acréscimo, uma filosofia progressista para a sociedade brasileira só pode se beneficiar com a exposição e a crítica pública dos cânceres "confidenciais" que lhe corroem subterraneamente o organismo. Temos de indicar tais tumores malignos ao bisturi cirúrgico dos verdadeiros democratas de qualquer cor epidérmica. Mas a responsabilidade histórica e imediata de esmagar o racismo em nosso país cabe, primariamente, à população afro-brasileira: essa é a vítima, tem sido a presa do supremacismo eurocentrista por tempo demasiadamente longo.

Tenho inabalável esperança num mundo melhor que nós, os negros do Brasil, ajudaremos a construir para todos os oprimidos e destituídos de qualquer raça ou nacionalidade. Essa esperança me nutre e impele meu espírito a níveis vedados à difamação e ao ultraje. Confesso minha tristeza ao redigir este depoimento. Entretanto minha indignação está destituída de ódio, e estou bem consciente, sabedor de ciência própria, de que a humilhação e o insulto têm sido a hóstia consagrada na vida diária de todo o negro íntegro e não domesticável deste país. A violência, visível e invisível, tem sido permanente, cintilante e inelutável do racismo desde sempre desencadeado sobre a família negro-brasileira. Por isso não me intimidaram nem me paralisaram as agressões daqueles embaixadores e professores acobertados pela impunidade fortuita que lhes oferece o poder ditatorial.

Finalmente, o Itamarati deveria saber, pelo menos desde 1966 quando escrevi uma "Carta Aberta ao I Festival Mundial de Artes Negras", em Dacar, sobre a exclusão do TEN e de outros grupos e artistas, que não recuo quando se trata de defender os interesses da minha raça. A calúnia traiçoeira jamais me encontrará pusilânime, omisso ou vencido. Minha "Carta Aberta" (ver Apêndice) foi lida na tribuna da Câmara dos Deputados pelo sr. Hamilton Nogueira, cujo registro está no Diário do Congresso, de 30.4.1966, p. 15, 16 e 17, tendo ainda sido publicada em Dacar, Paris e Rio de Janeiro. O embaixador brasileiro no Senegal publicou uma resposta cujo texto ainda não me foi possível conseguir para comentá-la. Mas esse detalhe revela que o Itamarati conhece os termos da minha "Carta Aberta", na qual aponto como ilegítimos os critérios e a forma de escolha dos participantes àquele festival. Criticava ainda a justificação teórica da comissão de seleção, justificativa que ironicamente representava o mero esvaziamento do propósito fundamental da ida de intelectuais e artistas a Dacar: o retorno às fontes culturais, artísticas, étnicas e históricas.

Entretanto, a obsessão branquicefálica, de essência racista, inerente aos quadros do Ministério do Exterior, impede que seus funcionários possam compreender a realidade étnica do povo brasileiro e apreender as consequências resultantes desse fato sociocultural. Apoiados em sua tradicional intolerância, repetiram em 1977 os mesmos erros de 1966, agravando-os. Declaram-se dessa forma impermeáveis à razão e aos fatos, e prosseguindo nessa linha irracional o Itamarati certamente voltará a cometer idênticos erros por ocasião de futuros festivais, colóquios e outros eventos internacionais do mundo negro-africano.

Infelizmente tudo isso acontece não porque se trate apenas de um caso isolado, ou casos tópicos, a respeito de um negro cujas ideias não combinam com a orientação do Itamarati todo-poderoso em assunto cuja decisão está essencialmente ligada aos interesses da coletividade afro-brasileira. O que motiva tal aberração tem causa mais profunda: trata-se de uma cultura racista que impregna toda a tradição histórica brasileira de desrespeito e desprezo à humanidade, à identidade, à dignidade e à autodeterminação dos negros brasileiros e das nações negro-africanas.

Universidade do Estado de Nova York
Centro de Pesquisas e Estudos Porto-Riquenhos
Buffalo, 29 de novembro de 1979

FIG. 9: Abdias Nascimento falando aos milhares de negros reunidos nas escadarias do Teatro Municipal de São Paulo, em 7.07.1978, no ato público que ensejou a fundação do Movimento Negro Unificado Contra o Racismo e a Discriminação Racial.

FIG. 10: No mesmo mês, o MNU foi lançado na Bahia com uma conferência de Abdias Nascimento na sede da Associação dos Servidores Públicos. Foto: Elisa Larkin Nascimento. Acervo Ipeafro.

APÊNDICE

[Conforme relatado pelo autor, seu passaporte foi confiscado pelo regime autoritário em 1975. Tendo obtido a residência permanente nos Estados Unidos, na qualidade de professor catedrático da Universidade do Estado de Nova York, ele obteve um documento emitido pelo Departamento de Justiça dos EUA que lhe dava permissão para retorno àquele país. Com esse documento ele viajou à Nigéria, à Colômbia, ao Panamá, a Portugal e à Espanha, bem como ao próprio Brasil. A França e a Inglaterra não aceitaram esse documento, classificando o passageiro como apátrida e negando-lhe o visto de turista. No período da chamada "abertura" política, no governo do presidente João Figueiredo, a perseguição a Abdias Nascimento continuou. Tendo passado as férias de julho e agosto de 1979 no Brasil, ele não pôde embarcar de volta aos EUA com o visto normal de saída, que era válido até 1980. Foi detido e obrigado a obter uma permissão especial para viajar.

Em suas visitas ao Brasil em 1978, 1979 e 1980, o autor participou de dois momentos históricos do movimento negro brasileiro: a fundação do Memorial Zumbi e a criação do Movimento Negro Unificado Contra o Racismo e a Discriminação Racial.]

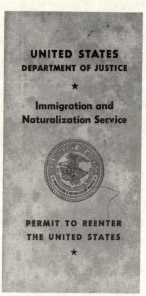

FIG. 11: Documento emitido pelo Departamento de Justiça dos Estados Unidos para que Abdias Nascimento pudesse viajar, devido à cassação de seu passaporte brasileiro.

FIG. 12: Abdias Nascimento falando na primeira reunião, realizada na Universidade de Alagoas, convocada para a criação do Memorial de Zumbi, na Serra da Barriga; Maceió, ago. 1980.

MINISTÉRIO DA JUSTIÇA
DEPARTAMENTO DE POLÍCIA FEDERAL
SUPERINTENDÊNCIA REGIONAL — RJ

MEM.º N.º 749
Data 03.09.79

Do CHEFE DO CADASTRO DO SPMAF/SR/RJ.

Para SENHOR CHEFE DO SFTI, no AI/RJ

Assunto — Liberação de passageiro.-

Senhor Chefe.

    Apresento a V. Sª. o senhor ABDIAS DO NASCIMENTO, filho de Jose Ferreira Nascimento e de Georgina Ferreira do Nascimento, nascido em 14.03.1914, natural de São Paulo, portador do passaporte nº CA-284 256, que está liberado pela DOPS/SR/DPF/RJ, para viajar para o exterior, devendo, entretanto, ser comunicado ao SI desta SR o destino e o nº do Vôo em que embarcou o nominado.

Atenciosamente

/Wm.

HILSON ALVES FRAGA
CHEFE DO CADASTRO DO SPMAF/SR/RJ.
Bel. Hilson Alves Fraga
Ag. Pol. Fed. - Mat. 1.668.420
Chefe Substº do Cadastro
SPMAF/DPF/SR/RJ

FIG. 13: Liberação de passageiro de Abdias Nascimento em 1979.

Carta Aberta ao
I Festival Mundial das Artes Negras
(Dacar, 1966)

Neste instante em que artistas e intelectuais negros procedentes de todas as partes do mundo se reúnem em Dacar, no Senegal, e inauguram o histórico encontro dos vários ramos da frondosa árvore cultural gerada no solo africano, deseja o TEN (Teatro Experimental do Negro), do Rio de Janeiro, significar a seus ilustres participantes – irmãos de sangue e militância artística – ardentes votos de feliz êxito em seus trabalhos. Os artistas do TEN não foram distinguidos com a honrosa investidura de integrar a delegação oficial que nosso país enviou a esse magno conclave. Somos, pois, os compulsoriamente ausentes. Ausentes de corpo, mas presentes em espírito, e daqui lhes enviamos, com nossa integral solidariedade, as saudações mais calorosas e fraternas.

Queridos irmãos: a exclusão do TEN é fato que não devemos estranhar. E se o lamentamos, não o fazemos por nós mesmos, mas pela excepcional oportunidade que o Brasil teria de ratificar perante o mundo sua tão decantada democracia racial. O que foi enviado, infelizmente, representa uma amostra não significativa da exata situação ocupada pelo negro no território das artes no Brasil. Nossa exclusão nada tem de surpreendente. Surpreendeu, e muito, foi a ausência de seriedade e de idoneidade dos responsáveis pela seleção. Entretanto, previmos esse desfecho com muita antecedência, e conosco o esperaram aqueles que acompanham, com atenção e honestidade, o desenrolar das especialíssimas relações entre pretos e brancos em nosso país. Aos que ignoram nossos precedentes históricos, seja-nos permitido lembrar que a benignidade da escravidão brasileira não excluía o africano da brutalidade física, além da violência moral inerente ao regime. Sob tais condições, quase sozinho, ele foi o autor do soerguimento de nossa estrutura econômica. Exerceu forte e incontida influência cultural. Advinda, porém, a abolição da escravatura, não lhe permitiram, ao contrário de tanta proclamação romântica, que o novo brasileiro livre gozasse plenamente a cidadania que se lhe outorgava na letra das leis. Herdeiros de privilégios sobreviventes do antigo regime, ainda agora usufruem o direito consuetudinário de manipular o negro, material e espiritualmente. Nenhuma outra comunidade negra, fixada em país de civilização ocidental, talvez sofra de maneira tão trágica a pressão de um meio social só na aparência totalmente favorável. Pois, desde o recôndito do seu procedimento, esse meio mantém vigilante e severa censura aos esforços de afirmação do negro e de sua tomada de consciência. Não querem o negro brasileiro assumindo sua negritude. No pelourinho da ingenuidade vegetativa, ele é mantido alheio às implicações decorrentes do lúcido conhecimento de sua origem cultural e dos valores que, ainda antes de se tomar brasileiro, o negro já oferecia ao enriquecimento do humanismo, alargando seus horizontes. O ponto mais alto da reflexão e do balanço dessa contribuição humanística da raça negra, e o instante de fixá-la na curva da história humana, é sem dúvida o i Festival Mundial das Artes Negras. Os valores da cultura negra – puros ou tecidos a outras expressões culturais – se defrontam, se confrontam e se criticam, reciprocamente, na obra dramática e humanística de sua complementação. O mundo creditará aos promotores, ilustres e anônimos, do festival o seu reconhecimento. Gratos somos à visão e à firmeza de seus líderes e figuras paradigmáticas da negritude[6], o presidente Léopold Sédar Senghor, os poetas Aimé Césaire e León Damas e o escritor Alioune Diop.

A Ideologia da Brancura

É preciso desvelar a realidade imediata do negro com espírito de objetividade e coragem. Sem contemplações sentimentais. Deslindar essa realidade das mistificações e dos despistamentos que a envolvem é tarefa de civismo e humanidade. Sejamos, pois, incisivos e diretos. Há que tomar precauções ao se ouvir falar em "integração racial" no Brasil. Sua significação é muito relativa e restrita. É certo que os negros não sofrem, atualmente, nenhuma agressão física ou legal. Mas quer isso dizer integração efetiva? Absolutamente não. Repercute em nós, os negros, mais como um jogo verbal, eufemismo dissimulador de um ideal secreto. Um desejo subjacente, em nossas camadas ditas superiores, de branquificar o nosso povo. Daí uma política de manutenção do negro "em seu lugar", com franquias em certas áreas como o futebol e o samba. A indústria do pitoresco, existente em vários mercados do mundo, se mantém, entre nós, pela comercialização dos produtos que o negro cria para o Carnaval. A alegria vital do negro, seu pendor coreográfico, seus cantos, ritmos e cores, transformados em mercadoria exótica, instauram novo tipo de exploração. Com a vantagem de ajudar a manter o estereótipo do "negro bom", que não cria casos. Mantendo-se na linha, sem projetos mais ousados e ambiciosos, esse negro recebe homenagens, é endeusado como o legítimo representante da arte negra urbana numa sociedade em transição como a nossa.

Sabemos os riscos que estamos correndo ao fazer esta denúncia. Nos qualificarão de ressentidos ou de frustrados. Outros partirão para o adjetivo infamante da tática do emudecimento: é um negro racista.

Mas que somos na verdade? Que temos feito nesses mais de vinte anos à frente do TEN? Simplesmente isto: acreditar que nossas leis existem para valer. Acreditamos na igualdade de todos os cidadãos brasileiros, sem distinção de cor ou de raça, inscrita na Constituição da República; somos obedientes à nossa Lei de Segurança Nacional, que proíbe a pregação e o estímulo do ódio entre as raças; temos por escudo a Lei Afonso Arinos, que pune o crime da discriminação racial e de cor. Nossa missão tem sido a cobrança da execução do que nossas leis determinam. Tudo aquilo que explícita ou implicitamente contrarie nossos princípios jurídicos tem merecido nossa denúncia e repulsa, pois fere a paridade democrática, atentando contra o que há de mais profundo na alma cristã do povo brasileiro. Democracia racial é a garantia do direito do negro continuar sendo negro, do branco ou do amarelo continuar sendo branco ou amarelo, se assim o desejar. Por uma opção livre. Sem coações, mesmo camufladas. Esse tipo de filtro, de capilaridade social, configura-se como uma verdadeira ideologia da brancura ameaçando a convivência inter-racial pacífica. Em estudo denominado "Patologia social do 'branco' brasileiro", o sociólogo Guerreiro Ramos indica a gravidade do fenômeno que qualificou de morbidez, e não morbidez do negro. Nem só no passado mas no presente, intelectuais brancos têm criticado os aspectos negativos de nossa convivência racial. Entre outros, citemos os sociólogos Florestan Fernandes, René Ribeiro, Roger Bastide, Arthur Ramos (falecido), os parlamentares Hamilton Nogueira e Afonso Arinos, que já se manifestaram sobre essa espécie de insidioso racismo brasileiro (dissimulado, envergonhado, eficiente).

Nossas observações, fugindo à colocação subjetiva e à interpretação unicamente pessoal, têm seu apoio e substância em declarações de autoridades do Ministério de Relações Exteriores, que, na imprensa carioca, se externaram sobre a representação do Brasil ao festival. Para escolher nossa delegação oficial, o exmo. sr. presidente da República nomeou uma comissão de cúpula, entretanto, uma espécie de subcomissão ou grupo de trabalho foi que realmente se desincumbiu da tarefa. Um dos membros desse grupo de trabalho, com o endosso dos demais membros, redigiu um *documento* de justificação das normas que orientaram suas resoluções. Esclareça-se que o grupo funcionou sob inspiração e controle direto do Departamento Cultural do Ministério do Exterior, ou Itamarati.

Sabemos que o fato social se acha umbilicalmente ligado a conceitos de valor variáveis. Quando, por exemplo, as forças mais atuantes e criadoras da arte negra brasileira são vetadas da delegação oficial, o *documento*, que reflete a opinião do Departamento Cultural, alega que isso resultou da exigência de um "critério de integração nacional". Ainda que rápida e superficialmente, focalizemos a preliminar "integracionista". Será válida, no caso presente, a alegada "integração"? Integração são direitos e oportunidades iguais a todas as partes integradas. Onde então, no grupo de trabalho, os representantes autênticos da cultura negro-brasileira? Somos oitenta milhões de brasileiros, dentre estes, cerca de trinta milhões com sangue africano. E que se saiba, nem ao menos *um* único não alienado de sua cor e de seu grupo étnico participou dos trabalhos do Departamento Cultural. Agora o mais grave, lesivo e ofensivo: os artistas negros não foram ouvidos nem consultados em assunto de que são parte integrante. Menosprezaram sua pessoa humana, desdenharam sua arte. Tudo se consumou nos velhos moldes paternalistas, decisões foram tomadas, definiu-se o que é e não é arte negra ou o que eles supõem seja arte negro-brasileira, com a mais absoluta marginalização e desprezo aos militantes dessa mesma arte. Alguns, como o poeta Solano Trindade, o maestro Abigail Moura e os pintores Cleo e Wilson Azevedo Sérgio, condenaram pelos jornais a forma arbitrária das escolhas. Esqueceram-se, aqueles negros reivindicadores, que os juízes itamaratianos de arte negra são infalíveis, onipotentes e irreversíveis em seus julgamentos culturais. Negro não fala. Não protesta. Aceita cabisbaixo o fato consumado. Já não é uma felicidade para ele andar solto por aí, com direito a fazer seu samba e seu jogo de bola?

Os Exclusores do Itamarati

Advertimos que a focalizada posição do Itamarati não se prende à circunstância atual, nem é da responsabilidade do nosso governo. A atitude malévola da casta do Itamarati em relação ao negro é uma constante, uma norma observada desde longa data e que se cristalizou em tradição. Usam, naturalmente, para justificação do injustificável, uma linguagem refinada e erudita, como essa do *documento*. Mas, como não temos temor reverencial nem a nomes, nem a palavras, nem a instituições públicas que são também nossas, opomos ao critério do grupo de trabalho mentalmente esclerosado do Departamento Cultural, dirigido pelo sr. Dayrell de Lima, o nosso bom senso, nossa vivência de brasileiros e de negros.

Nem só o TEN foi vetado da delegação oficial. Também o foram a Orquestra Afro-Brasileira, o Ballet Folclórico Mercedes Batista, o Teatro Popular Brasileiro. Por sua longa e provada atuação no campo específico das artes negras – erudita e popular –, e outras fossem as condições vigorantes, essas organizações teriam lugar prioritário e cativo em qualquer delegação oficial dessa natureza. Assinalemos que o presidente Senghor, quando em visita ao Brasil e após ouvir a Orquestra Afro-Brasileira, manifestou enfaticamente o seu desejo de vê-la em Dacar no festival. O documento considera a música dessa orquestra uma espécie de "fossilização". Dir-se-ia ter havido, em relação a essas entidades, uma intenção punitiva na sua exclusão. Pois o documento estigmatiza a "volta às origens" como um artificialismo que não representa o "valor vivo e presente do nosso patrimônio africano". Indaguemos, porém, qual é a essência do festival. Ela foi definida pela sabedoria dos seus organizadores:

o primeiro dos seus quatro objetivos principais "é fazer conhecer a contribuição do que o presidente Senghor chama de negritude à civilização universal", e, em consequência, "permitir aos artistas negros deste lado do Atlântico um *retorno às fontes*". Tais objetivos foram frustrados pela conduta do Itamarati, que, ainda por cima, tenta confundir o assunto. Finalizando seu *documento* diz que "a componente africana tem, no Brasil, condições para a realização da essência do conceito da negritude". É o morde e sopra, a má consciência ou a falta de consciência.

Em sua aparente contradição, o *documento* é um modelo de lógica e coerência. Com a exibição dessa ginástica verbal, o departamento manteve longe de Dacar aqueles que poderiam, talvez, enegrecer em demasia nossa contribuição artística "integrada". E, prosseguindo nos argumentos, a justificação menciona sua "visão prospectiva", a "extrema mobilidade social", num país em emergência como o nosso, o "larguíssimo processo de aculturação" aqui verificado, para, enfim, concluir: "Não se propõe, para o Brasil, qualquer problema de ressurreição ou 'animação de fundos' na fixação dessa contribuição", mas sim a "permanência de valores negros sob o denominador comum da aculturação". É o caso de se perguntar: por que, a prevalecer tal critério, o Brasil enviou uma delegação a Dacar? Para demonstrar a branquificação do negro? Para a casta itamaratiana não há negros nem negritude entre nós. O drama profundo de nossos ancestrais trazidos em navios negreiros da África não deixou rastro nem lembrança. Não teve continuidade, não encontra eco na alma do negro contemporâneo. No documento o negro do nosso tempo só existe ao nível do samba, capoeira, cozinha baiana. Uma senzala melhorada. Tanto assim é que organizaram um volume sobre a "Contribuição da África à civilização brasileira", especialmente para o festival, e nenhum artista ou escritor negro teve participação em sua autoria. Sabemos que nesse livro não há a mais leve menção à existência de um teatro negro de arte e um teatro popular de negros. Os que escreveram a respeito do negro brasileiro podem até ser excelentes escritores. Mas o festival exige que o negro seja visto por ele mesmo. Exige que não haja intermediários. Os autores naturais de um livro com essa destinação deveriam ser, por exemplo, um crítico literário como Fernando Góes, um poeta como Oswaldo Camargo, um crítico de cinema como Ironides Rodrigues, um sociólogo como Antônio Alves Soares, um pintor e crítico de artes plásticas como Barros, o Mulato, um estudioso dos cultos negros do Recife como Vicente Lima, um estudioso dos cultos afro-cariocas como Sebastião Rodrigues Alves, um dramaturgo como Romeu Crusoé. Relegada mais uma vez a segundo plano, desprezada outra vez, a legítima consciência afro-brasileira.

Negro "Aculturado" e Negro "Assimilado"

Já estão fartamente desmoralizadas as conotações domesticadoras que na prática assumem certos conceitos sociológicos como os de "mobilidade social", "aculturação" e "assimilação". Tais expressões são insistentemente evocadas no documento itamaratiano. Sem pretensão de cientistas ou de sociólogos, assim de passagem, fixemo-nos um instante no tópico da "mobilidade social". Será ela algo real, verdadeiro e extremo como foi dito? Assim como a "integração", a "mobilidade" impõe a exigência da reciprocidade para ser efetiva. Mas, observando o critério do Itamarati, formulemos a hipótese de um grupo de trabalho organizador de uma conferência diplomática na África do Sul: para sermos consequentes, quem deveria figurar como membro desse grupo? Em nome das alegadas "integração" e "mobilidade", outros não poderiam ser que os exclusos do festival: os artistas Grande Otelo, Ruth de Souza, Léa Garcia, Milton Gonçalves, Jorge Coutinho, Áurea Campos, Zeni Pereira, Dalmo [Ferreira], Tião e muitos outros notáveis intérpretes negros de teatro dramático. A lógica do absurdo, erigida em método de definição e seleção artística, não é da nossa responsabilidade. Nossa é a óbvia constatação de que, apesar da "extrema mobilidade social", o negro – como grupo – não tem oportunidade sequer de ultrapassar a cerca invisível que o mantém prisioneiro nos mais baixos desvãos de nossa escala social. A categoria da "mobilidade" confere trânsito e ascensão, aliás, desnecessariamente, aos negros excepcionais; mas contra estes não prevalece muralha capaz de interceptar ou minimizar a projeção do seu gênio.

Não sejamos, porém, injustos e parciais: a mobilidade funciona, sim. Para certo tipo de negro – os "negros aculturados" ou "negros assimilados". Estes recebem estímulo, apoio, fazem carreira. Muita vez atingem o topo da escala social. No topo ou em qualquer degrau da sociedade, os "aculturados" ou "assimilados" se prestam ao triste papel de símbolos e rolha. Símbolos das franquias de nossa "democracia racial". Rolha que nosso mecanismo de controle social usa para amordaçar e ameaçar àqueles que promovem a denúncia das imperfeições, dos pontos negativos de nossa convivência inter-racial. Os negros e os mulatos "aculturados" exercem com dignidade seu papel. Colaboram na manutenção dessa equívoca democracia racial. Ridicularizam a negritude, pois só compreendem e admitem "valores negros sob o denominador comum da aculturação", o que importa na própria negação da originalidade e da perenidade desses mesmos valores.

Que significa, na prática, aculturação e assimilação? Todos nós o sabemos: é a abdicação do seu mundo interior, que os colonialistas exigem do homem colonizado, como passaporte à nacionalidade metropolitana. Após se exonerar do seu elenco de crenças, repudiar suas vivências mais caras e profundas, se possível fosse suprimir até no seu inconsciente as marcas de sua herança cultural de berço, o negro se encontra apto a ingressar na vida nova. Depurou-se no banho lustral da brancura. Verificou-se a catarse, ele é um epígeno, ser quimicamente modificado. De negro só resta a cor da pele: por dentro leva jubilosamente a brancura da alma dos brancos.

Do ponto de vista brasileiro, tal colocação se reveste de suma gravidade. Institucionaliza-se a injustiça – a injustiça que, ferindo para além da carne, atinge o espírito do homem. Compulsão intolerável, é a semente do ódio. Brasileiros conscientes que somos, não temos poupado nossa pessoa, e nenhum sacrifício nos tem atemorizado, quando se trata de alertar a consciência nacional e os responsáveis pela harmonia social verdadeira, a respeito das consequências imprevisíveis a que nos pode conduzir a prática reiterada e sistemática dessas agressões. Não permitamos que a semente do ódio encontre terreno fértil nem aqui nem em qualquer território do mundo.

O Que Tem Sido
o Teatro Experimental do Negro

Este tem sido, meus irmãos, o trabalho que há mais de vinte anos vem realizando o TEN. Antes de nosso aparecimento, em 1944, negro não pisava em palco de teatro dramático. *Quilombo*, uma revista editada pelo TEN, certa vez perguntou a Nelson Rodrigues, o nome mais importante da dramaturgia brasileira, quais, a seu ver, as razões da ausência do negro em cena. Respondeu: "Acho, isto é, tenho a certeza de que é pura questão de desprezo. Desprezo em todos os sentidos, mas físico, sobretudo." Após outras considerações, arrematou o branco autor de *Anjo Negro*: "quando uma peça exige o elemento de cor, adota-se a seguinte solução: brocha-se um branco. Branco pintado, eis o negro do teatro nacional". Tiveram bom êxito os esforços do TEN nesse setor. Formou e lançou uma geração de artistas, intérpretes dramáticos da melhor categoria, hoje integrados no teatro e no cinema brasileiros. Também dançarinos, coreógrafos, cantores, tamboristas, tendo já alguns deles, em companhias independentes, excursionado em países da Europa. Inspiramos e estimulamos a criação de uma literatura dramática para artistas de cor, e algumas peças figuram em nossa antologia de teatro negro-brasileiro intitulada: *Dramas Para Negros e Prólogo Para Brancos*. Nesses textos, a capacidade trágica e o lirismo de negro assumem papel dominante. O negro é o protagonista, é o herói. Antes do TEN ele somente figurava em papéis subalternos ou decorativos. Nós liquidamos com a fase do negro folclórico, do negro exótico. Promovemos o I Congresso do Negro Brasileiro, conferências, convenções, cursos, concursos de artes plásticas sobre o Cristo Negro, tudo no sentido de oferecer ao elemento afro-brasileiro oportunidades de conhecer seu papel na sociedade brasileira, e a consciência de sua herança cultural africana, à qual somos fiéis dentro de nossa brasilidade. Esforçamo-nos para a fixação de um tipo de beleza através dos concursos da "Boneca de Pixe" e da "Rainha das Mulatas", com o senso pedagógico de educação do gosto estético popular. A cantora da Ópera de Paris, nossa Maria d'Aparecida, é um belo exemplo do alto nível desse concurso.

Sem nenhum contato, desligados materialmente, ignorando o que se fazia fora de nosso país, mantivemo-nos fiéis ao apelo telúrico, ao chamado primitivo. Ao fermento africano, à negritude, enfim, a qual, já o disse alguém, antes de um tema ou uma abstração conceituai, é o nosso *jeito* de sermos homens, nossa *ótica* do mundo que nos rodeia. E tudo o que jeito e ótica têm de mais profundo e intocável. Por isso, segundo o poeta, nos reconhecemos mais pelo olhar que pelo idioma. Daí ser irrelevante o argumento da língua diferente para justificar a exclusão de artistas dramáticos da delegação oficial. Esqueceram-se da valiosa experiência do Teatro das Nações, em Paris, ou subestimaram a sensibilidade e a inteligência da plateia de Dacar.

Vamos enviar cópia desta carta aberta ao governo do Senegal, assim como cópias idênticas serão enviadas à Unesco e à Sociedade Africana de Cultura (SAC-Paris), também responsáveis pela organização do festival.

Irmãos:

A diáspora negra foi o acontecimento mais trágico da história do homem. Fomos arrancados pela violência do coração da África – de nossos deuses, de nossos costumes, de nossos afetos – e viemos habitar o Brasil, Cuba, Venezuela, Porto Rico, Haiti, Estados Unidos. A história guarda nossa história nesses quatro séculos e, hoje, convocados pelo Senegal livre, por nossa Mãe-África libertada, realizamos a ansiada viagem de volta. Desde cidades tentaculares como Nova York ou São Paulo, dos canaviais cubanos, dos bananais da América Central, dos cafezais colombianos, do fundo das minas, dos poços petrolíferos, das usinas ou dos mistérios da Bahia e de Porto Príncipe, regressamos com nossas lágrimas e nosso riso. Enriquecidos na experiência de sangue, de força, de luta, de sofrimento – construímos um mundo novo, uma civilização nova –, comparecemos a esse I Festival Mundial das Artes Negras para confirmar nossa fidelidade às origens que estes quatro séculos de escravidão não conseguiram anular. Fomos negros ontem, somos negros hoje, seremos negros amanhã.

Nós, os negros brasileiros, artistas, poetas, intelectuais, músicos, nós, os exclusos fisicamente de Dacar, não nos sentimos ausentes. Em cada passo de dança que se executar no festival, nós também estaremos dançando. Estaremos presentes em cada palpitação, na poesia e na música que se ouvir. Somos testemunhas oculares, pois nosso rosto está impresso para a eternidade nas máscaras que se exibirão. Somos a Negritude. E Negritude é a própria onipresença para aqueles que a assumem e a amam. Sobre as diferenças de idiomas, acima das distâncias territoriais e das nacionalidades, os veios da diáspora, em movimentos concêntricos, se reintegram no grande mar escuro dessa mágica Negritude que nos manteve no espaço e no tempo unidos e irmãos.

Em comovido afeto nos despedimos,

Teatro Experimental do Negro
Abdias Nascimento, presidente
Rio de Janeiro, 31 de março de 1966

Carta Aberta à
II Conferência de Intelectuais
Africanos e da Diáspora
(Salvador, 2006)

Como parte da II Conferência, o Ipeafro apresentou a exposição Abdias Nascimento 90 Anos: Memória Viva, *uma retrospectiva de sua vida e obra que ocupou todos os espaços expositivos da Caixa Cultural Salvador. Na cúpula de chefes e ministros de Estado, o presidente do Brasil condecorou Abdias Nascimento com a Ordem do Rio Branco no grau de Comendador. Por ocasião da Conferência, Nascimento circulou uma carta aberta, dirigindo-se aos chefes e ministros de Estado e aos intelectuais reunidos na Conferência. A carta foi reproduzida no catálogo da exposição do Ipeafro.*

Senhores chefes e ministros de Estado, senhores prêmios Nobel, senhores participantes desta II Conferência dos Intelectuais Africanos e da Diáspora,

Saudações. Em nome dos ancestrais e em favor dos não nascidos, nós nos reunimos hoje.

Ao celebrar a realização deste importante evento, dirijo-me às V. Exas na qualidade de um cidadão da África e do Brasil. Minha voz é a dos sem voz e a dos sem nome que não se encontram aqui conosco, mas se fazem presentes pela urgência das necessidades que os afligem. Consigno a todos eles uma homenagem na pessoa do poeta, estadista e pensador pan-africano Aimé Césaire, agraciado pela Unesco com o prêmio Toussaint Louverture em 2004.

Hoje é um momento histórico porque pela primeira vez realiza--se, fora do continente, um encontro oficial entre os países africanos e os da Diáspora. Como anfitrião do evento, o Brasil sinaliza seu novo empenho em se identificar como parte do mundo africano. Os Estados participantes assinalam seu compromisso com o princípio da unidade entre os afrodescendentes, articulado por mestres como Kwame Nkrumah, W.E.B. Du Bois, George Padmore, Marcus Garvey, Patrice Lumumba, Walter Rodney e tantos outros.

Sou testemunha de um outro fato histórico e alerto para ele: a ideia do pan-africanismo operou algumas das transformações mais importantes da modernidade, mas foi desvirtuada quando Estados e governos quiseram manipulá-la para servir a interesses estranhos a seus propósitos libertários originais.

Ao debruçar-nos sobre o tema "A Diáspora e o Renascimento Africano", pouco significam as nossas ponderações se não formos capazes de ouvir as vozes dos nossos povos que vivem no mundo globalizado uma escravidão psicológica e existencial continuada.

Os Estados africanos e os da Diáspora têm uma responsabilidade histórica diante de seus povos. Não se pode conceber um Renascimento Africano com nossos governos garroteados às estruturas, às exigências e às condições econômicas e políticas impostas pelo processo de globalização que os mantém à margem do desenvolvimento econômico e que constitui, na sua essência, uma espécie de continuidade *de facto* do jugo colonial.

Diante disso, continua válido o preceito articulado pelo ministro do presidente João Goulart e colega de San Thiago Dantas, embaixador Araújo Castro, quando assinalava nos anos 1960 o conjunto dos três DS – Descolonização, Desarmamento e Desenvolvimento – como prioridade para o mundo contemporâneo.

Valem ainda os ideais dos Países Não Alinhados e do Diálogo Sul-Sul, liderado pelo saudoso Mwalimu Julius Nyerere, entre eles os da transferência de tecnologia e da transformação da dívida externa em recursos para o melhoramento das condições de vida de nossos povos. Hoje há uma série de questões específicas, como a das patentes, no contexto dessas ponderações.

Para os países e os povos do mundo africano, há uma dimensão específica gerada pela história do tráfico de africanos escravizados, definido como crime contra a humanidade pela comunidade internacional reunida em Durban em 2001. Esse reconhecimento estabelece o princípio da reparação aos povos que foram alvos de um sistema escravista inédito no mundo e que operou o saque e o despovoamento da África, deserdou seus descendentes escravizados e interrompeu o processo de desenvolvimento que seus povos protagonizavam. Os resultados desse legado e do colonialismo estão aí nas condições de fome, miséria, guerras, epidemias e abandono de populações cujo deslocamento compulsório, em virtude desse legado histórico, gera uma situação insustentável. Como falar em Renascimento Africano sem ouvir o apelo dessas populações? Para isso, conclamo os intelectuais e os representantes dos Estados aqui presentes a se debruçarem sobre o tema da reparação, definida de forma ampla e focalizando o seu aspecto prático.

Levar a sério esse compromisso significa nos organizarmos e investirmos recursos. Precisamos de instrumentos de trabalho. Trago aqui duas modestas sugestões: a criação da Universidade Pan-Africana e a criação do Museu da Diáspora Africana no Brasil. A primeira daria continuidade ao legado de Cheikh Anta Diop, fundador da pesquisa independente da África, desenvolvendo um pensamento voltado para o tema da reparação. O segundo se dedicaria à missão de reverter a escravidão psicológica que assola nossa gente.

Encerro sublinhando a necessidade de transformar todas as nossas deliberações em medidas concretas capazes de possibilitarem aos povos do continente africano e da Diáspora desempenharem um papel ativo na construção de um novo modelo de cooperação.

Agradeçamos aos ancestrais a oportunidade de nos reunirmos em torno desse nobre objetivo.

Salvador, 11 de julho de 2006.
Abdias Nascimento

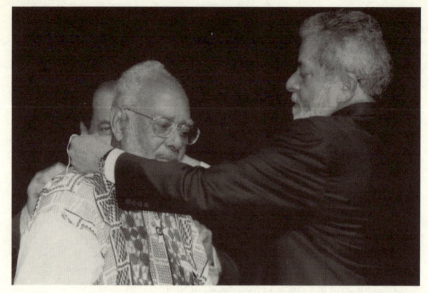

FIGS. 14 e 15: Abdias Nascimento recebe a Comenda da Ordem do Rio Branco das mãos do presidente Luiz Inácio Lula da Silva, em junho de 2006, durante o II Ciad. Fotos: Ricardo Stuckert.

Posfácio:
Abdias Nascimento
e o Surgimento de um Pan-Africanismo
Contemporâneo Global [1]

Carlos Moore

Meu primeiro encontro com Abdias Nascimento, amigo e companheiro intelectual há quatro décadas, aconteceu em Havana, em 1961, quando a revolução cubana ainda não havia completado três anos de existência. Eu tinha dezenove anos, Abdias, 47. Para mim, esse encontro significou o descobrimento do mundo negro da América Latina. Para ele, essa visita a Cuba abria uma interrogação quanto aos métodos que se deveriam empregar para vencer quatro séculos de racismo surgido da escravidão. E se me atrevo a prefaciar este primeiro volume de suas *Obras*, é apenas porque no tempo dessa nossa longa e intensa amizade forjou-se uma parceria política na qual invariavelmente participamos de ações conjuntas no Caribe, na América do Norte e no Continente Africano. As duas obras aqui apresentadas tratam de eventos acontecidos no período de seu exílio político (1968-1981) e dos quais fui testemunha. É, portanto, a partir dessa posição de amigo, de companheiro intelectual e

CARLOS MOORE WEDDERBURN é doutor em etnografia pela Universidade de Paris VII (1999) e tem o prestigiado Doctorat d´Etat (Doutorado de Estado), em Ciências Humanas (1983). Assessor do cientista professor Cheikh Anta Diop, do Instituto Fundamental de Pesquisas da África Negra [IFAN], em Dacar, Senegal; consultor pessoal sobre problemas de política internacional do secretário geral da Organização da Unidade Africana [OUA], dr. Edem Kodjo.

de testemunha que prefacio este volume, sabendo que deste modo assumo uma pesada responsabilidade crítica tanto para com os meus contemporâneos quanto em relação às gerações vindouras.

Duas obras compõem este volume. O traço que as une é o fato de os acontecimentos narrados com precisão de jornalista em *Sitiado em Lagos* decorrerem diretamente das colocações políticas e da leitura sócio-histórica sobre a natureza da questão racial no Brasil, que se encontram sintetizadas em *O Genocídio do Negro Brasileiro*. Essas obras foram escritas da forma que caracteriza o discurso "nascimentista" – de modo direto, didático, e num tom forte, à maneira de um grito. São exposições claras, que falam por si, logo não precisam que eu as explique. Minha tarefa, pois, será: a. reconstituir o contexto histórico mundial no qual foram compostas; b. situar Abdias Nascimento dentro desse quadro geral; c. mostrar as contribuições e inovações das ideias por ele difundidas e defendidas em três continentes no espaço de uma década.

Para melhor apreender a contribuição "nascimentista", é necessário esclarecer, de início, que se trata, por um lado, de um discurso voluntarista e desconstrutor, e, por outro, de uma ação de síntese e renovação das diferentes vertentes que compõem o movimento pan-africanista mundial, no intento de adequá-las às exigências do mundo contemporâneo. É um discurso-prática em que ação e reflexão avançam em paralelo, entrechocando-se, recombinando-se seletivamente e partindo para novas desconstruções.

O Primeiro Grito Internacional de Abdias Nascimento

A incômoda voz de Abdias Nascimento irrompeu pela primeira vez no âmbito internacional quando ele enviou sua "carta-declaração--manifesto" ao 1o Festival Mundial das Artes e das Culturas Negras, realizado em Dacar, Senegal, em 1966 (reproduzida neste volume como

Apêndice de *Sitiado em Lagos*). Foi nessa cúpula de intelectuais da vertente pan-africana chamada de "Négritude" que, com esse documento, pela primeira vez se abriu uma importante brecha ideológica e acadêmica com relação à natureza intrínseca da sociedade brasileira e do governo no poder no Brasil. Por extensão, também se abriu um espaço de análise crítica das estruturas sócio-raciais das sociedades latino-americanas e das práticas eurocêntricas de seus governos. Até então, poucas e débeis eram as opiniões que contrariavam a visão comparativa dominante, pela qual as sociedades latino-americanas eram consideradas paraísos raciais, enquanto a sociedade estadunidense era enxergada como verdadeiro inferno racial. O portento da posição de Nascimento nesse foro do qual ele esteve ausente, assim como outros valores intelectuais negros do Brasil, foi tanto maior porquanto seu afastamento decorreu de uma decisão do governo militar brasileiro da época, que enviou a Dacar os "seus" representantes, entre porta-vozes oficiais brancos e artistas afrobrasileiros, alguns autênticos e outros "folclóricos". É necessário lembrar que essa cúpula da Négritude foi a culminação de uma decisão de intelectuais negros do mundo inteiro reunidos pela primeira vez em Paris, em 1957, e depois em Roma, em 1959. Isso foi bem antes da independência efetiva do Continente Africano que, com a exceção de Etiópia, Libéria, Gana e Guiné, ocorreu a partir de 1960. Lembremos também que, nesses dois foros pan-africanistas da Négritude, as figuras marcantes foram vultos do gabarito de um Aimé Césaire, Frantz Fanon, Léon Damas, Richard Wright, Cheikh Anta Diop, Léopold Sédar Senghor e Alioune Diop.

O 1º Festival Mundial das Artes e das Culturas Negras de Dacar foi a primeira cúpula de intelectuais pan-africanistas em terra africana; daí sua transcendência simbólica. A declaração-manifesto de Abdias teve tal repercussão sobre os debates do Colóquio do Festival que foi imediatamente publicada na revista *Présence Africaine*, importante órgão do movimento pan-africano da Négritude, editada em Paris. A partir daí, as propostas e denúncias contidas nesse detalhado documento não parariam de rodar e de incomodar. Cumpre ressaltar que, no momento desse manifesto, o Brasil estava sob as botas de um regime militar que não vacilava em fazer desaparecer seus opositores. Por isso, não surpreende que, apenas dois anos após sua corajosa denúncia da "democracia racial" fardada, Nascimento tivesse de fugir do Brasil e se refugiar nos Estados Unidos, onde morou no exílio até 1981.

Abdias Nascimento
e "Poder Negro" nos Estados Unidos

Quando Abdias Nascimento chegou aos Estados Unidos, em 1968, aquele país estava em meio a uma grave convulsão sócio-racial criada pelo crescimento de várias tendências de um amplo movimento conhecido pelo nome de Black Power (Poder Negro). Basicamente, esse movimento foi produto do ativismo mobilizador de líderes carismáticos como Martin Luther King (assassinado em 1965), Robert Williams (exilado em Cuba em 1961), Huey P. Newton (fundador dos Panteras Negras), Stokely Carmichael (líder estudantil que cunhou o termo Black Power, e que mais tarde adotaria o nome de Kwame Touré) e Maulana Ron Karenga (dirigente do movimento US). A divisão era a característica predominante dessas correntes de reivindicação afro-estadunidenses, embora elas tenham impulsionado causas similares no mundo inteiro, incluindo os movimentos feministas e o próprio movimento estudantil de maio de 1968 na França. Nascimento não perdeu tempo em tomar posição a favor dessas lutas sócio-raciais nos Estados Unidos, embora sob o perigo de ser expulso. Seu gesto provocou uma reação de carinho desses movimentos pelo solitário exilado negro vindo de uma terra que até então desconheciam. Na realidade, foi na pessoa de Abdias Nascimento, e graças à flexibilidade que o caracteriza tanto na ação política quanto na vida privada, que se estabeleceu pela primeira vez uma ponte entre o movimento social negro estadunidense e aquele que surgia, embora balbuciante, na América Latina, principalmente no Brasil. Homem simples, flexível, alérgico por natureza aos dogmatismos e sectarismos, espontâneo, alegre – sem dúvida, essas características, que Nascimento carregou por onde passou, lhe permitiram desempenhar um papel de conciliador num momento em que o movimento negro estadunidense, dividido em meia dúzia de correntes antagônicas, chegou até a protagonizar dramáticas situações sangrentas. (Por exemplo, a luta feroz entre o partido dos Panteras Negras, marxista, e o movimento nacionalista negro US, de Maulana Karenga, causou a morte de várias dezenas de valiosos militantes dos dois lados.)

O quadro não era menos complexo – e sangrento – na África, no Caribe e no Pacífico, onde correntes pan-africanistas contrárias disputavam o poder dentro de movimentos de libertação nacional com aspirações a dirigir futuros Estados (MPLA, FNLA e Unita em Angola; PAC, ANC, Movimento da Consciência Negra, de Steve Biko, e Inkhata na África do Sul; Frelimo e Renamo em Moçambique; facções rivais no interior do PAIGC, na Guiné-Bissau). De maneira geral, o esquema da situação mundial nas décadas de 1950, 1960, 1970 e 1980 estava definido pela Guerra Fria entre os blocos ideológicos comunista e capitalista. A partir dos anos 1940, essa situação já começara a causar verdadeiros estragos no seio de todas as vertentes do movimento pan-africanista mundial.

O Pan-Africanismo Como Proposta

A grande Revolução do Haiti, em 1804, desencadeou de modo espetacular o movimento pan-africanista mundial, que se intensificou nas Américas a partir das aspirações abolicionistas e pós-abolicionistas e da luta contra a tutela colonial e imperial na África, no Caribe e no Pacífico. Esse movimento começou a se articular como posicionamento político e intelectual no fim do século XIX

(Edward W. Blyden, Booker T. Washington, W.E.B. Du Bois) e celebrou em Londres, em 1900, a sua primeira Conferência, sob a liderança de Sylvester Williams. A partir dos anos 1920, uma segunda e poderosa vertente, fundada por Marcus Garvey, ganhou força em escala mundial como nenhuma outra. O garveísmo se batia pelo estabelecimento de um bastião econômico, político e cultural soberano na África continental e pela constituição paralela de forças políticas e econômicas nacionais na diáspora das Américas, do Caribe e do Pacífico. Uma terceira vertente, a da Négritude, surgiu no mundo francófono, também nos anos 1920, a partir do trabalho mobilizador e da teorização da racialidade, como resposta ao racismo, por intelectuais militantes como Aimé Césaire, Léon Damas, Léopold Sédar Senghor, René Maran, Lamine Senghor, Tiemoko Garan Kouyate, Kojo Touvalou Houenou e os intelectuais da Harlem Renaissance nos Estados Unidos.

Abdias Nascimento e a Guerra Fria

Quando Abdias Nascimento entrou em contato com as três vertentes do pan-africanismo mundial, elas estavam fortemente divididas em facções pró-comunistas, pró-capitalistas e "nacionalistas". Dado o apogeu do comunismo em escala mundial – a existência de um poderoso bloco de Estados comunistas no Leste Europeu e na Ásia, o inquestionável prestígio e a influência internacional da Revolução marxista em Cuba e o fato de os próprios Estados progressistas e movimentos de libertação na África, no Caribe e no Pacífico terem optado pelo marxismo como ideologia –, as ideias marxistas tinham uma preponderância esmagadora no seio das três vertentes pan-africanistas. Esse era o quadro mundial em que Nascimento se inseriu ao sair do Brasil em 1968, e foi dentro desses parâmetros convulsos que ele teve de desenvolver sua própria luta por mais de uma década. Que posições ele tomou nessa teia de aranha ideológica e política? Minoritária, desprezada como tendência de negros "racistas" e "incultos", a facção "nacionalista" (Patrice Lumumba, Aimé Césaire, Cheikh Anta Diop, Malcolm X, Steve Biko), com a qual Nascimento se identificou sem vacilar, estava sob cerco em todos os cantos nas décadas de 1960, 1970 e 1980.

A rejeição dos blocos ideológicos, quaisquer que fossem, levou Nascimento naturalmente para a posição da "terceira via", surgida em 1955 a partir da Conferência de Bandung. A "linha de Bandung", trazida pelos países afro-asiáticos recém-independentes, consistiu na elaboração de uma política exterior de "não alinhamento" e de "neutralismo positivo" entre o comunismo e o capitalismo. Nascimento se identificou de maneira natural com essa corrente, não tanto por ser ele próprio de posição centrista, mas por rechaçar vigorosamente tanto o comunismo quanto o capitalismo como soluções para os problemas específicos dos povos de raça negra.

A "Oficialização" do Projeto Pan-Africanista

As décadas de 1960 e 1970 formaram o grande período da descolonização do continente africano, do Caribe e do Pacífico melanésico (Vanuatu, Fiji, Papua Nova Guiné, Ilhas Salomão, Timor Leste). No Caribe, o projeto federacionista, impulsionado principalmente pelo pensador pan-africanista Eric Williams, de Trinidad, abortou, e os países anglófonos da região se tornaram independentes individualmente num clima de antagonismo mútuo. Na África, também, todos os projetos federacionistas foram a pique. Por sua vez, quando foi formada a Organização da Unidade Africana (OUA), em Adis Abeba, Etiópia, em 1963, ela sacramentou as fronteiras herdadas da colonização, abrindo assim as portas a uma lógica inevitável que conduziria às espantosas guerras civis de Biafra, na Nigéria, de Eritreia, no leste da África, e de Ruanda e Burundi, na zona dos grandes lagos, entre outras. No Pacífico e no Caribe, o processo se deu da mesma forma.

Como consequência de todo esse processo, o pan-africanismo foi rapidamente confiscado por elites de estado, eurocêntricas e emburguesadas, fosse para seus próprios propósitos nacionais, fosse para servir de instrumento na competição entre Estados. Essa oficialização do pan-africanismo anunciava a sua degeneração como projeto de libertação de povos; e mais uma vez, incansavelmente, a voz de Abdias Nascimento se levantaria para ratificá-lo.

As Conferências Pan-Africanas de Kingston, Dar-es-Salaam, Lagos e Dacar

Logo depois de se exilar, o primeiro encontro internacional de que Abdias Nascimento participou foi a Conferência Pan-Africana Preparatória de Kingston, Jamaica, em 1973. Ele chegou a Kingston por conta própria, viajando apenas com um visto de residência estadunidense e envolto numa crescente perseguição pela ditadura militar brasileira, que já havia retirado o seu passaporte. Ali ele definiu sua visão de um pan-africanismo global, independente dos blocos ideológicos e includente da mulher no pleno sentido da palavra. Em Kingston, ele teria como principal adversário Marcus Garvey Jr., o próprio filho do fundador do pan-africanismo diaspórico-continentalista. Mas também teria como aliada a ilustríssima Amy Jacques Garvey, viúva de Marcus Garvey. Foi emocionante ver essa senhora, aos 83 anos e somente quatro meses antes de sua morte, concordar com Abdias Nascimento, denunciar como "aberrações" as posições de seu filho e ratificar o caráter mundialista do pan-africanismo definido por Marcus Garvey, assim como o novo papel que o gênero feminino estava destinado a cumprir nas tarefas libertárias desse movimento. O pleito surgiu quando Marcus Garvey Jr. pediu que fosse expulsa da conferência a representante da Ásia e do Pacífico, Roberta Sykes, uma aborígene australiana, sob o pretexto de que somente as populações negras diretamente oriundas da África – com exceção dos dravídios da Índia meridional e dos melanésios do Pacífico – teriam direito a participar de reuniões pan-africanas. Hoje em dia, coisas como essas até poderiam parecer ridículas ou impossíveis, mas naquela ocasião deram lugar a polêmicas dolorosas, desagregadoras e vergonhosas.

O pan-africanismo mundialista de Nascimento se expressou de novo no 6o Congresso Pan-Africano, realizado em 1974 em Dar-es-Salaam, Tanzânia. Dessa vez, chocou-se com as propostas da vertente pró-comunista e marxista do chamado pan-africanismo de Manchester (assim denominado porque o local de realização do 5o Congresso Pan-Africano, em 1945, foi a cidade de Manchester na Inglaterra), que envolvia nomes como Sekou Touré, Julius Nyerere, Kwame Nkrumah, Agostinho Neto, Amílcar Cabral, Oliver Tambo, Marcelino dos Santos, Angela Davis, Walter Rodney, Maurice Bishop, René Depestre, Bernard Choard. Naquele momento, esses grandes pensadores negros já tinham convertido o pan-africanismo em correia de transmissão do comunismo para os povos do Continente Africano e para os seus descendentes na América do Norte, na América do Sul e no Caribe. (O sangrento fim do regime marxista de Maurice Bishop e de Bernard Choard, em Grenada, foi a mais grave indicação desse fato.) Abdias Nascimento se opusera de forma vigorosa a essa marxização do movimento pan-africanista "de Manchester" – mesmo essa tendência majoritária sendo representada por chefes de Estado e prestigiosos dirigentes de movimentos de libertação nacional – e proclamara que o mundo africano deveria encontrar sua própria identidade ideológica baseada na experiência histórica dos povos africanos do continente assim como na experiência das suas diásporas das Américas, do Caribe e do Pacífico.

Essa mesma óptica orientou novamente a atuação de Abdias, agora no seio de um foro pan-africanista da Négritude, reunido em 1977 no Festival Mundial das Artes e Culturas Negras e Africanas, em Lagos, Nigéria. No Colóquio, *locus* de debates intelectuais e políticos do Festival, Nascimento se opôs à proposta da Nigéria e seus aliados, entre eles a ditadura militar do Brasil, os países da Liga Árabe e Cuba. Em sua essência, o posicionamento desse bloco de países significava a destruição do pan-africanismo ao colocá--lo sob a tutela de um movimento árabe-africano pretensamente ecumênico do qual estaria ausente por completo toda colocação sócio-racial. Abdias apoiou a posição do presidente Léopold Sédar Senghor, um dos fundadores do pan-africanismo da Négritude, segundo a qual o problema da identidade cultural e racial específica constitui uma reivindicação fundamental do movimento dos povos historicamente submetidos à alienação racial e à escravatura. Cumpre ressaltar aqui que Nascimento expressou essas posições na própria Nigéria, colocando em risco sua segurança pessoal, pois vários Estados africanos, principalmente a ditadura nigeriana do general Yakubu Gowon e, depois, do general Olusegun Obasanjo, já tinham entrado em acordo com a junta ditatorial do Brasil a fim de excluí-lo de qualquer encontro internacional em solo africano.

Aliado às posições do presidente Léopold Sédar Senghor em Lagos, Nascimento antes se opusera a ele em seu próprio país, o Senegal. Durante o Colóquio Internacional de Intelectuais Negros, realizado em 1976, denunciara o desvio "assimilacionista" da "Négritude senghoriana". Em Dacar, ele havia defendido as propostas de Aimé Césaire e Cheikh Anta Diop pela estruturação política de uma Négritude funcional, atenta às verdadeiras necessidades dos povos e inimiga da exploração socioeconômica. Também pugnara pela obrigatoriedade da defesa da soberania nacional e da solidariedade com as lutas de todos os povos do mundo que também sofriam com a exploração e com o racismo, tais como os povos indígenas das Américas.

Os Congressos de Cultura Negra das Américas e a Cúpula de Miami Sobre a Négritude

Da Nigéria, Nascimento seguiu diretamente à Colômbia, para participar do 1º Congresso de Cultura Negra das Américas a convite do antropólogo e romancista Manuel Zapata Olivella. Ele defendeu naquele certame a mesma linha de posicionamento pan-africanista. Denunciou a política externa do Brasil no processo de descolonização da África e na manipulação da imagem de "paraíso racial" na condução de uma aproximação econômica de cunho capitalista e neoimperialista cujo beneficiário exclusivo seria a elite dominante no Brasil. Em 1980, teve participação destacada no 2o Congresso de Cultura Negra das Américas, realizado no Panamá sob a coordenação do poeta e sociólogo Gerardo Maloney. Eleito vice-presidente do Congresso, ficou encarregado da realização, no Brasil, do 3o Congresso. Ao voltar a seu país em 1981, no momento da abertura política, organizou o 3o Congresso de Cultura Negra das Américas, realizado nas dependências da PUC, São Paulo, em agosto de 1982.

No âmbito de sua atuação política e intelectual, em particular no contexto desses três Congressos, Nascimento desenvolvia e expunha suas ideias sobre a natureza do modelo latino-americano de relações sócio-raciais. Esses três Congressos constituíram os primeiros eventos desse tipo na América Latina e ficarão na história dos povos dessa região como momentos marcantes em que o movimento pan-africano, com suas três vertentes agora reconciliadas, fincou novas raízes nesse hemisfério. Em parte como consequência disso, em 1987 se realizou em Miami uma Conferência sobre a Négritude, a Cultura e a Etnicidade nas Américas. Nessa Conferência, Nascimento se posicionou realçando que as soluções dos problemas dos povos africanos, no continente como nas suas diásporas, encontravam-se enterradas no seio de seu próprio mundo. A singular experiência histórica dos povos afrodescendentes no Continente e na diáspora, afirmava ele, jamais poderá ser desvalorizada, pois ela imprimiu uma textura particular às lutas de reivindicação dos povos negros. Ao mesmo tempo, essa experiência exige uma leitura social particular, identificando no racismo a fonte de múltiplas formas de opressão e no referencial da identidade cultural e racial específica a dinâmica libertária dos povos atingidos pelo racismo.

O papel dos intelectuais africanos e afrodescendentes, disse Abdias àquela plateia, era contribuir na busca de caminhos nunca percorridos a fim de reinventar a sociedade. Dois anos após essa fala se produziu a assombrosa queda do bloco comunista-marxista, provocando o início de uma séria reavaliação política e ideológica do movimento pan-africanista como um todo, tarefa ainda mais urgente diante dos graves problemas econômicos, das terríveis guerras intestinas, das desagregadoras lutas pelo poder, sem falar das epidemias gigantescas, que fustigam o Continente Africano, assim como as suas diásporas nas Américas, no Caribe e no Pacífico.

O "Nascimentismo": Um Pan-Africanismo Global de Transição

Ao sair do seu país para o exílio, em 1968, Nascimento penetrou diretamente numa situação mundial marcada por fortes correntes políticas, no nível dos Estados, que ele teve de assumir ou rejeitar quase de imediato. Em primeiro lugar, o mundo estava dividido entre dois blocos: comunista e capitalista. Ele não se alinhou a nenhum deles. No seio do pan-africanismo, ele foi igualmente obrigado a operar uma seleção imediata entre as três grandes vertentes históricas desse movimento, assim como entre as diversas correntes que se agitavam no interior de cada uma delas.

No momento em que Nascimento começou a atuar na arena internacional, o pan-africanismo era uma força desgastada e em plena bancarrota como expressão dos anseios dos povos negros em geral. Ora absorvido pela poderosa dinâmica do movimento comunista internacional (maoísmo, castrismo, leninismo, stalinismo, trotsquismo...), ora desacreditado pelas próprias práticas das elites negras que assumiram o comando de Estados soberanos na África, no Caribe e no Pacífico nas décadas dos 1960 e 1970, ora pervertido pelos sectarismos e extremismos de membros de sua faixa "nacionalista", o pan-africanismo como tal encontrava-se num processo de decadência intelectual justo no instante em que mais as lutas dos povos afrodescendentes dele precisavam como instrumento de combate. Mas a preocupação maior naquele momento tinha-se voltado à redefinição de uma linha de conduta política e cultural capaz de sustentar as lutas específicas dos povos e comunidades afrodescendentes de todo o mundo. O ambiente internacional, marcado pela bipolarização ideológica e estratégica entre blocos, e pela crescente distância entre as possibilidades econômicas e tecnológicas do Norte em relação ao Sul, tinha se tornado demasiado complexo para as ideias programáticas já obsoletizadas do velho pan-africanismo de início do século. A primeira contribuição de Abdias Nascimento a esse propósito de renovação ideológica foi a introdução da experiência diferenciada dos povos afrodescendentes da América Latina no grande debate sobre a composição de uma nova sociedade. Assim, a discussão da questão racial ganhou nova dimensão intelectual e teórica com as teses "nascimentistas" sobre o modelo sócio-racial ibero-latino.

No fim das contas, qual teria sido a relação de Nascimento com as três vertentes do pan-africanismo mundial? Sem dúvida, ele tinha afinidades marcadas com o pan-africanismo "diaspórico-continentalista" (Marcus Garvey, Malcolm X, Maulana Ron Karenga, Elijah Muhammed, Patrice Lumumba), e se identificou de imediato com essa vertente. Mas também combateu com vigor os extremismos e sectarismos que a minavam.

Como homem de letras e artista, Nascimento se identificou de maneira natural e espontânea com o pan-africanismo político-cultural da Négritude. Essa vertente baseava-se na noção de uma identidade africana específica de cunho racial e cultural globalista e na proposta de uma independência nacional sustentada num amplo e permanente processo de desalienação psíquico-cultural (Aimé Césaire, Léon Damas, Léopold Sédar Senghor, Cheikh Anta Diop, Frantz Fanon, Alioune Diop). Ele discordava das tendências assimilacionistas da corrente "senghoriana", que combateu sem hesitações como perigosa aberração.

Mais complexas foram as relações de Nascimento com o chamado pan-africanismo de Manchester, aquele que surgiu no começo do século xx com a realização, em Londres, da Primeira Conferência Pan-Africana, organizada por Sylvester Williams, advogado de Trinidad, e W.E.B. Du Bois, cientista político, sociólogo e historiador negro estadunidense. O pan-africanismo de Manchester (Sylvester Williams, W.E.B. Du Bois, George Padmore, Caseley Hayford, Nnamdi Azikwe, Jomo Kenyatta, C.L.R. James, Eric Williams, Ras Makonnen) se definiu desde o início como "continentalista", o que era lógico em razão da pavorosa exploração e dominação colonial em que a África se encontrava submersa. Entretanto, com a independência dos países africanos e a sua consolidação, a "subordinação estratégica" das lutas das diásporas africanas das Américas, do Caribe e do Pacífico à luta pela independência começou a perder seu caráter de exigência estratégica. Abdias Nascimento impugnou de imediato a noção de que as diásporas teriam de desempenhar um papel secundário, logístico, como ocorria com os judeus do mundo em relação a Israel. Ele colocou as diásporas das Américas, do Caribe e do Pacífico no mesmo nível de urgência estratégica dos povos do continente.

Um dilema para Nascimento, na sua ação internacional, foi a questão dos métodos a utilizar na luta pela liberdade dos povos negros. Luta armada "por todos os meios necessários" (Kwame Nkrumah, Malcolm X, Amílcar Cabral, Frantz Fanon)? Ou via pacífica, mediante sucessivas etapas de negociação (Martin Luther King, Léopold Sédar Senghor, Desmond Tutu, Albert Luthuli)?

Homem pacífico por natureza, Nascimento sempre teve uma predileção pela negociação. Apaixonado na denúncia da opressão, sempre foi moderado no confronto fraternal das ideias; a luta violenta nunca foi o caminho predileto de seu coração. Na hora em que o "guerrilheirismo" gozava de grande audiência, ele enxergou no emprego do terrorismo como arma de combate o perigo da escalada do terror. Mas, diante da crueldade racista das potências colonizadoras, como nas colônias portuguesas, e sob os implacáveis regimes de *apartheid* na África do Sul, na Namíbia e no Zimbabwe, apoiou a luta armada nesses países. Paralelamente, e bem antes de se produzirem os horrores que o mundo hoje testemunha, Nascimento denunciava o crescente perigo de guerra civil que detectava na prática de muitos dirigentes da África independente de impor aos povos sob seu controle as estruturas e sistemas de repressão física legados pela dominação colonial.

Sobre a política em geral, deve-se dizer que era necessário ter muita coragem e convicção moral para se opor, como Nascimento o fez sem trégua, a uma ideologia política muito popular no mundo africano naquele momento, cuja perda de prestígio no espaço de menos de uma década, após a queda do bloco soviético, ninguém poderia então prever. Mais especificamente, sobre a questão sócio-racial, Nascimento esclareceu muito do que até então ficava duvidoso para a maioria dos pan-africanistas em relação à natureza orgânica e estrutural do racismo latino-americano. Foram os seus escritos e denúncias que mais contribuíram para avançar a premissa teórica de que na América Latina se formou um sistema de dominação étnico-racial e socioeconômico específico, baseado precisamente na "mestiçagem programada" entre raças e etnias situadas em posições fixas de inferioridade e de superioridade. Sua exposição dessa tese, em *O Genocídio do Negro Brasileiro*, figurará na historiografia dos povos afrodescendentes como obra seminal, não obstante as críticas formais que poderão, ou deverão ser formuladas sobre certos aspectos de sua obra.

A Reintrodução do Mundo Simbólico na Política Pan-Africanista

No plano internacional, Abdias Nascimento desempenhou um importante papel de conciliação entre as três grandes vertentes do pan-africanismo. Hoje, não tenho dúvida de que isso só foi possível porque ele mesmo portava em si próprio, de maneira harmônica, essas três vertentes políticas. Homem do século XX, na virada do século XXI ele já era o esboço de um pan-africanismo futuro; um amplo movimento político baseado no respeito às diferenças entre povos, culturas, civilizações e gêneros. Um movimento cultural em que o gênero feminino, enfim resgatado de séculos de opróbrio, encontra-se de novo em posição pioneira da civilização e da humanização das sociedades, papel que sempre desempenhou na história do mundo africano. Um pan-africanismo em que a busca pela equidade socioeconômica entre raças, etnias e gêneros está indissociavelmente ligada ao desenvolvimento identitário de cada um desses agregados orgânicos da sociedade civil contemporânea.

Não acredito ter "forçado" o pensamento de Abdias Nascimento nesta descrição de seu pan-africanismo, nem penso ter imposto meus próprios sonhos aos dele. Sem dúvida, uma ideia fiel e abrangente das contribuições "nascimentistas" às três vertentes pan-africanistas que surgiram no século XX será objeto de estudos posteriores. Porém acredito que, em sua ação internacional, ele reintroduz no pan-africanismo militante do século passado uma noção fundamental que estava se perdendo no próprio fogo daquelas lutas: a ideia de que um futuro político libertário deve ser, também, construído artisticamente, na harmonia pessoal, na alegria, na amizade e no carinho. Ou seja, paixão na denúncia das opressões, mas respeito às múltiplas diferenças. O pan-africanismo "nascimentista" compromete a ira contra todos os tipos de injustiça, ainda que cometidos por nós mesmos, com a música, a dança, a pintura, a poesia e o riso. Acredito que, além das múltiplas contribuições políticas que ele fez ao mundo em que viveu, e que sem dúvida outros analistas conseguirão analisar e expor com o devido rigor, Abdias Nascimento introduz uma grande dose de amor no pan-africanismo do século xx.

Salvador, agosto de 2000.

Notas

APRESENTAÇÃO

1. Ver Elisa Larkin Nascimento (org.). *Afrocentricidade, uma Abordagem Epistemológica Inovadora*, São Paulo: Selo Negro, 2009 (coleção Sankofa, v. 4).
2. Paulo Henrique Fernandes Silveira, Ditadura militar e perseguição ao movimento negro na FFLCH-USP. Aula inaugural do Programa de Pós-Graduação em Sociologia, Departamento de Sociologia da Faculdade de Filosofia, Letras e Ciências Humanas (FFLCH) da USP, realizada em 21 de março de 2024. Ver Gabriela Varão, Perseguição Política ao Movimento Negro Unificado na Ditadura É Tema de Aula Inaugural na Sociologia. *Jornal da USP*, 18 de março de 2024. Disponível em: https://jornal.usp.br/diversidade/perseguicao-politica--ao-movimento-negro-unificado-na-ditadura-e-tema-de-aula-inaugural-na-sociologia/?fbclid=IWAR2J. Acesso em: 18 abr. 2024.
3. Marina de Mello, Esclarecimento CEA, documento encaminhado ao Ipeafro pelo professor Paulo Henrique Fernandes Silveira, 10 abr. 2024.

I OS ANTECEDENTES

4. Uma análise mais profunda e detalhada desse episódio se encontra em *Pan-Africanismo na América do Sul: Emergência de uma Rebelião Negra*, de Elisa Larkin Nascimento.
5. Originalmente publicado pela Paz e Terra, 1978, reeditado atualmente pela Perspectiva (2016).

2 OS TELEGRAMAS: ESTRATÉGIA E PRÁTICA DO SÍTIO

6. Ver *Pan-Africanismo na América do Sul*, de Elisa Larkin Nascimento.

3 A "NOTA OFICIAL" DA EMBAIXADA BRASILEIRA EM LAGOS

7. Organização US, grupo nacionalista negro dos EUA findado em 1965, rival do Partido Pantera Negra na Califórnia.
8. Ver os livros *The Negro and the Communist Party*, de Wilson Record, p. 138, e *Pan-Africanism or Communism*, de George Padmore, p. 308.

APÊNDICE

CARTA ABERTA AO I FESTIVAL MUNDIAL DAS ARTES NEGRAS

9. Negritude, nesta "Carta Aberta", é compreendida não apenas como um movimento poético ou artístico, também como um instrumento socioeconômico-cultural de luta contra o supremacismo branco, a exploração do colonialismo, do imperialismo, do racismo e do neocolonialismo.

ABDIAS NASCIMENTO E O SURGIMENTO DE UM PAN-AFRICANISMO CONTEMPORÂNEO GLOBAL

10. Este texto foi publicado anteriormente como prefácio em *O Brasil na Mira do Pan-Africanismo*, de Abdias Nascimento (Salvador: Edufba, 2002), p. 17-32.

142   NOTAS

Referências

AGEE, Philip. *Inside the Company: CIA Diary*. New York: Stonehill, 1975.

BRASIL. *Brasil 66*. Brasília: Ministério das Relações Exteriores, 1966.

CAMARGO, Oswaldo de [1978]. *A Descoberta do Frio*. São Paulo: Companhia das Letras, 2023.

NASCIMENTO, Abdias [1978]. *O Genocídio do Negro Brasileiro*. São Paulo: Perspectiva, 2016.

____ [1980]. *O Quilombismo*. São Paulo: Perspectiva, 2019.

____. *Dramas Para Negros e Prólogo Para Brancos: Antologia de Teatro Negro-Brasileiro*. Rio de Janeiro: TEN, 1961.

NASCIMENTO, Elisa Larkin. *Pan-Africanismo na América do Sul: Emergência de uma Rebelião Negra*. Petrópolis: Vozes, 1981.

PADMORE, George. *Pan-Africanism or Communism*. Nova York: Doubleday, 1972.

RECORD, C. Wilson. *The Negro and the Communist Party*. New York: Atheneum, 1971.

SODRÉ, Nelson Werneck. *A Verdade Sobre o ISEB*. Rio de Janeiro: Avenir, 1978.

VIEIRA, Antônio. *Cantos, Encantos e Desencantos d'Alma/Green Blue Shadows*. Salvador: Mensageiro da Fé, 1975. (Ed. Bilíngue.)

Este livro foi impresso na cidade de São Bernardo do Campo,
nas oficinas da Paym Gráfica e Editora, em maio de 2024,
para a Editora Perspectiva